Mensagem da Mãe
Aparecida

300 Anos de Bênçãos

CB011945

Pe. JÚLIO BRUSTOLONI, C.Ss.R.

Mensagem da Mãe Aparecida

300 Anos de Bênçãos

EDITORA
SANTUÁRIO

Direção Editorial: Pe. Fábio Evaristo Resnde Silva, C.Ss.R.
Coordenação Editorial: Ana Lúcia de Castro Leite
Copidesque: João Clemente dos Santos
Revisão: Luana Galvão
Diagramação e Capa: Maurício Pereira
Aquarelas: Ricardo Montenegro
Foto da Imagem: Fabio Colombini

Dados Internacionais de Catalogação na Publicação (CIP)

(Câmara Brasileira do Livro, SP, Brasil)

Brustoloni, Júlio J.

Mensagens da Mãe Aparecida: 300 anos de bênçãos / Júlio J. Brustoloni. – Aparecida, SP: Editora Santuário, 2015.

ISBN 978-85-369-0401-6

1. Maria, Virgem, Santa – Aparições e milagres 2. Maria, Virgem, Santa – Culto 3. Nossa Senhora Aparecida – História 4. Santuário de Nossa Senhora Aparecida – História I. Título.

15-09674   CDD-232.91

Índices para catálogo sistemático:

1. Nossa Senhora Aparecida: Culto: História: Religião 232.91

2. Virgem Maria: Culto: Teologia dogmática cristã 232.91

1ª impressão

Composição, CTcP, impressão e acabamento:
EDITORA SANTUÁRIO - Rua Padre Claro Monteiro, 342
Fone: (12) 3104-2000 — 12570-000 — Aparecida-SP.

Apresentação

Podemos resumir a Mensagem do Santuário com estas palavras: "A jubilosa esperança de salvação que o povo procura em Jesus Cristo no Santuário, por mãos de Maria, sua mãe". Já ressaltei essa Mensagem do Santuário ao escrever a História da Imagem e do Santuário[1] e ao analisar o papel da intercessão da Mãe de Deus, sobretudo, no resultado das duas santas missões pregadas no Santuário, em 1748 e em 1901. Em ambas, a misericordiosa intercessão da Mãe Aparecida em favor de seus devotos fica clara e evidente.

Agora desejamos despertar o entusiasmo dos devotos da Mãe Aparecida para preparar a celebração do Jubileu dos 300 anos (1717-2017) do encontro da Imagem, que contará com a presença do Papa Francisco, no mês de outubro de 2017.

É muito importante que os devotos conheçam o objetivo deste Santuário e qual foi a intenção dos devotos que o fundaram, fazendo dele um "lugar sagrado do encontro com Deus".

---

[1] BRUSTOLONI, Júlio. *História de Nossa Senhora da Conceição Aparecida: a Imagem, o Santuário e as Romarias.* 15ª ed. Aparecida: Editora Santuário, 2013.

Não pretendo escrever uma nova história, apenas ressaltar o objetivo deste Santuário e fundamentar, com fatos e dados históricos, a Mensagem que a Mãe Aparecida nos dá a partir dele. Hoje, o fenômeno das romarias-turismo desvirtua de certo modo o objetivo principal do Santuário. No primeiro capítulo analisaremos a causa principal deste fenômeno no decorrer dos anos: a facilidade de transporte e a procura de lazer.

Potim, na festa da Apresentação do Senhor de 2014.

Pe. Júlio Brustoloni

Missionário Redentorista

1

Peregrinações e caminhos para o Santuário

Peregrinar até um Santuário movido pela fé é a maneira mais popular e, talvez, a mais autêntica manifestação da religiosidade popular. As peregrinações têm sua origem nas Escrituras Sagradas, que condicionam a vida presente à busca do eterno, do sobrenatural. O povo da primeira Aliança peregrinava pelo deserto em busca da "Terra Prometida" e, uma vez nela estabelecido, Deus o orientava pelos profetas, que o estimulavam a servir ao Senhor na esperança e o corrigiam quando trocavam o Deus verdadeiro pelos ídolos.

1. Romarias religiosas

As romarias religiosas nasceram das antigas peregrinações aos "lugares santos": Jerusalém para os judeus e Roma para os cristãos. O primeiro a fazê-las foi o povo da Antiga Aliança, o povo de Israel. Para o povo judeu, a cidade de Jerusalém era a "Morada de Deus", por isso, todo judeu religioso devia fazer anualmente sua peregrinação à Cidade Santa e oferecer no templo os sacrifícios prescritos pela Lei de Moisés. Consta dos Evangelhos que a Sagrada Família de Nazaré – Jesus, Maria e José – fez também sua peregrinação a Jerusalém.

Os profetas e os apóstolos Paulo e João, a partir da "Jerusalém terrestre", apontavam alegoricamente para a "Jerusalém celeste". Daí o júbilo dos judeus fiéis e piedosos em estarem em Jerusalém, porque lhes parecia desfrutar antecipadamente a felicidade da "Jerusalém celeste". Do mesmo modo, pode-se explicar também a alegria que os romeiros piedosos sentem no Santuário da Mãe Aparecida. Quase diríamos que é uma razão teológica, porque, na "Jerusalém terrestre", Jesus Cristo foi fiel ao Pai até sofrer a morte e morte de cruz. Os romeiros que o procuram em seus sofrimentos sabem que compartilham dos sofrimentos de Cristo e, pela intercessão da Mãe Aparecida, sentem-se também predestinados para a "Jerusalém celeste" como membros de Cristo Ressuscitado que está na glória do Pai.

Depois da Cidade Santa de Jerusalém, Roma também se tornou o **"lugar sagrado"** dos cristãos. Eles faziam sua peregrinação até Roma, para renovar junto do túmulo dos Apóstolos, Pedro e Paulo, sua fé e sua pertença a Cristo e à Igreja. Entre os muitos exemplos de peregrinos da antiguidade citamos os de São Roque. Um jovem de Montpellier, na França, que estudara medicina e, depois de distribuir seus bens aos pobres, tomou o chapéu e o bastão de peregrino e se dirigiu para Roma. Seu objetivo era renovar a fé junto dos túmulos dos apóstolos, mas, a meio caminho, deparou-se com o Cristo, que sofria nos doentes atingidos pela peste negra. Roque não duvidou em se colocar a serviço deles e só depois prosseguiu até Roma para renovar a fé, que ele já estava vivendo com intensidade pela caridade cristã.

2. Surgem os Santuários

Para entender o desenvolvimento das peregrinações do nosso povo sabemos que no século XVII, início de nossa Igreja constituída, as pessoas dirigiam seus passos para a festa do Senhor do Bom Fim, em Salvador da Bahia, e para a festa da Imaculada Conceição de Itanhaém, no Litoral paulista. Depois, nas primeiras décadas de 1700, quando já eram numerosas as comunidades cristãs, começaram a surgir os primeiros Santuários do Senhor do Bom Fim, de Salvador, do Bom Jesus da Lapa, BA, de Congonhas do Campo, MG, de Iguape, de Perdões, de Pirapora, de Tremembé, no Estado de São Paulo, e da Imaculada Conceição de Itanhaém para citar os principais. Entre eles o mais procurado é o da Mãe Aparecida que teve seu início em 1732.

No ano de 1771, Miguel dos Ouros, morador do povoado de Potim, pediu licença ao bispo de São Paulo para construir uma igreja. Conforme consta de seu requerimento, a razão era a afluência de muitos devotos que procuravam prestar sua homenagem à Imagem do Bom Jesus que ele possuía em seu oratório doméstico. É interessante notar que, à margem direita do Rio Paraíba, o Santuário da Mãe Aparecida já era muito procurado e, à margem esquerda, ele intencionava instituir o Santuário do Bom Jesus.

Pelo ano de 1732, no Oratório de Itaguaçu, dava-se início à construção do Santuário da Mãe Aparecida. Em 1745, ele consolidava-se com a inauguração da primeira igreja, construída em louvor à mãe, no alto da colina, e com a aprovação do novo título de Nossa Senhora da Conceição "Aparecida"[2].

3. E começam as romarias

A devoção à Mãe Aparecida é levada pelos devotos do Oratório de Itaguaçu para regiões distantes. Isso já consta no pedido que

---

[2] "Aparecida" aqui não significa que Maria Santíssima apareceu miraculosamente aos pescadores à semelhança das aparições de Lurdes e de Fátima, mas sim que sua Imagem estava (apareceu) num dos lanços das redes dos pescadores.

o Pe. José Alves Vilella fez, em 1743, ao bispo do Rio de Janeiro, Dom Frei João da Cruz, para construir uma igreja e aprovar a devoção sob o novo título de "Aparecida". E a razão apresentada foi esta: "porque eram muitos os devotos que procuravam o Oratório para fazer suas devoções e cumprir suas promessas".

Os romeiros começaram a chegar de regiões muito distantes como consta da audiência de um processo de casamento[3] da cidade de Curitiba, PR, do ano de 1754. Uma das testemunhas do processo foi declarada ausente, porque tinha viajado em romaria para a Capela da Aparecida, SP.

Os peregrinos da época só podiam chegar aos Santuários a pé ou no lombo dos muares. Ainda não se pode falar de "viagens de turismo", mas somente de caminhadas penitenciais em busca do encontro com Deus. August de Saint-Hilaire, botânico francês, registrava em seu diário de viagem: "A Imagem atrai devotos de longas distâncias; da Bahia, dizem, e de Minas Gerais vêm romeiros para cumprir suas promessas". A notícia dos cientistas austríacos, von Spix e von Martius, do ano de 1817, descreve as caravanas desses romeiros. Por seu sabor especial, transcrevo a notícia na íntegra:

> Quando, na véspera de Natal (1817), seguimos viagem, encontramos diversas romarias. Aqui o modo de viajar, tanto para as mulheres como para os homens, é sempre montado em cavalo ou em mulas; frequentemente também o homem leva a mulher atrás, montada na garupa do animal. O traje destes roceiros é inteiramente adequado às condições do lugar: chapéu de feltro, de cor cinza, com abas muito largas,

[3] Arquivo da Cúria Metropolitana de São Paulo, secção Processos de Casamentos.

que servem igualmente para proteger do sol e da chuva; um poncho azul comprido, muito largo, tendo no meio uma abertura por onde passa a cabeça e as aberturas laterais para as mãos, calça e paletó de tecido escuro de algodão, botas altas, facão comprido com cabo prateado que, como arma ofensiva e defensiva, metem no cinturão ou no cano da bota. Tais são as características dos paulistas em viagem. As mulheres usam vestidos longos e largos e chapéus desabados. Todos os que passavam por nós, montados em bestas, mostravam-se excelentes cavaleiros, sobretudo, pela pressa com que procuravam fugir da trovoada, que ameaçava de todos os lados[4].

Além de muitas outras notícias, encontramos esta no jornal "Correio Paulistano"[5], de São Paulo, do ano de 1883. A reportagem é longa, por isso anotamos somente os tópicos principais. Nela percebemos que o jornalista já estivera em visita ao Santuário e participara das caravanas de romeiros em sua juventude.

Andando pela ladeira acima, que vai da Estação da Aparecida do Norte ao alto do outeiro onde está a Capela da Senhora daquela invocação. É raro o dia em que não sobem os romeiros o aclime desta colina afamada pelos inúmeros milagres realizados pela intercessão de N. S. da Aparecida em favor dos aflitos, dos doentes e dos degredados de toda a espécie. Há quem concorra das Províncias limítrofes e até dos mais remotos lugares do Império. Alguns vêm agradecer o bem já alcançado, outros a se precaverem contra futuros males.

---

[4] Spix e Von Martius. *Viagem pelo Brasil*. Edição Melhoramentos, 1º vol. p. 130.
[5] Cf. exemplar da Hemeroteca Júlio de Mesquita, da Capital.

Antigamente as romarias à Capela tinham muito de pictórico; eram as famílias que se moviam lentamente com os filhos pequenos, os pajens, os camaradas, as mucamas e o armazém ambulante às costas dos cargueiros. Havia os atoleiros a transpor com sem número de precipícios por toda a fita sinuosa das estradas reais.

"Hoje as romarias se fazem de outro modo. Desde que a Estrada do Norte (Central do Brasil) desdobrou suas paralelas de aço pelo Vale do Paraíba e plantou suas estações onde eram antigamente os pousos dos viajantes, tudo mudou."

As estradas de rodagem e as estradas de ferro, caminhos modernos para se chegar ao Santuário, iam-se multiplicando. Em vagões ou em suas tropas viajavam os peregrinos. "Agora", escreve o repórter acima citado, "os romeiros metem-se nos seus guarda-pós, abarcam-se comodamente nos vagões e fazem numa hora mais caminhada do que num dia a cavalo".

Posteriormente, a malha ferroviária ramificou-se por todos os lados facilitando ainda mais as viagens. Em 1927, a Estrada de Rodagem Rio a São Paulo, e outras tantas pelo interior, deu um grande passo à frente nas viagens para os Santuários.

Depois de 1940, camadas de asfalto revestiram as grandes rodovias e outras que iam surgindo. E chegamos aos tempos modernos.

Em 1935, além dos comboios da Central do Brasil, surgiu uma linha diária de ônibus, da Empresa Pássaro Marrom, do Rio e de São Paulo para Aparecida. Nas décadas de 40 e 50, os caminhões com bancos de madeira cobertos com lona – os conhecidos "paus de arara" –, embora sem muito conforto, facilitaram mais as viagens para o povo simples da roça.

O progresso mudou realmente a face das romarias. Os comboios da Central do Brasil com duas composições, uma de primeira e outra de segunda classe com 12 vagões cada, com cerca de 1.500 romeiros, que vieram pela primeira vez de São Paulo, em 1900, para celebrar a passagem do século, continuaram a vir depois no dia 8 de setembro até o ano de 1950.

Mas a causa externa que mais concorreu para facilitar as romarias foi a criação, a partir de 1954, das empresas de ônibus que, nos dias úteis, nas cidades grandes, transportavam operários para as fábricas e, nos fins de semana, utilizavam os mesmos ônibus para excursões de turismo. E por que não, pensavam os proprietários dessas empresas, alugar os ônibus para excursões ao Santuário de Aparecida? Assim, a partir de 1960, o turismo religioso tornou-se uma realidade no Santuário de Aparecida.

4. As romarias de turismo

Chegou então, pelo ano de 1970, a vez dos modernos e confortáveis ônibus das empresas de turismo, que iam se multiplicando pelo país a fora. Assim ao lado das romarias religiosas surgiram também as excursões de romeiros-turistas, especialmente depois da década de 60.

Grande parte desses romeiros-turistas, procedente das periferias das metrópoles, entra no Santuário, visita a Imagem, faz sua prece, participa da eucaristia e ouve a palavra de Deus. Mas uma parte deles – talvez 10% ou até mais – vem só para passear, fazer compras na feira, sequer entra na igreja; e os trajes das jovens não são próprios para visitar um Santuário.

Esse turismo religioso não deve ser condenado. É importante, porém, que os responsáveis pela pastoral de nosso Santuário não se esqueçam da boa lição de Pastoral que os missionários redentoristas alemães nos deixaram. Eles não queriam circos de cavalinhos, rodeios, jogos de azar e outras diversões. Em Trindade, eles procuraram sanar o Santuário da parte profana que prejudicava as romarias religiosas. Em Aparecida, onde não existiam tantas, eles ajudaram os romeiros a interiorizar sua fé e a tirar proveito da romaria, mediante catequese e pregações.

Hoje, seria importante atrair também esses romeiros/turistas para participarem dos atos religiosos dentro da igreja, a fim de ouvirem a palavra de Deus e renovarem sua fé; para tanto, dever-se-ia inibir as muitas opções de lazer que os desviam do objetivo especificamente religioso do Santuário. O "acolher bem também é evangelizar", de Dom Aloísio Lorscheider, não é oferecer mais oportunidades de lazer fazendo do pátio do Santuário um parque de diversões, mas fazer com que os agentes pastorais saibam ajudar, com caridade pastoral, especialmente os romeiros-turistas a se aproximarem da Mãe Aparecida e, por meio d'Ela, de Jesus Cristo e sua Igreja.

Existem alguns fatores desfavoráveis para esses turistas religiosos: o tempo exíguo de sua permanência em Aparecida; chegam às 10h e devem retornar às 15h. E o que dizer dos ônibus que chegam às 8h no início da Avenida Itaguaçu e ficam retidos no engarrafamento por mais de duas horas? O desconforto é grande, pois, no ônibus, ficam sem água, sem café e sem sanitários. Somente às 9h30 ou 10h, esses ônibus conseguem desembarcar seus passageiros no Estacionamento, quando não encontram, às vezes, os portões já fechados por falta de vagas...

Até aqui procuramos apresentar uma visão de conjunto das romarias; analisaremos, a seguir, a Mensagem da Mãe Aparecida, que é o objetivo desta publicação. Iniciaremos com as palavras do Papa Francisco, proferidas, quando de sua romaria a este Santuário, no dia 24 de julho de 2013.

2

O Papa Francisco ressalta a mensagem do achado da Imagem para o povo brasileiro

Em sua homilia da missa do dia 24 de julho no Santuário, o Papa Francisco colocou o sucesso da devoção do povo brasileiro para com N. Senhora Aparecida na Mensagem que o achado da imagem e a pesca milagrosa revelaram. Logo de início, afirmou que o povo brasileiro entendeu o que a Mãe de Deus lhe desejava transmitir com os fatos acontecidos na pesca infrutífera de peixes e na pesca de uma pequena imagem de Nossa Senhora da Conceição: o amor da Mãe Aparecida em favor de todo o povo brasileiro.

A seguir, transcreveremos as palavras do Papa Francisco para que você mesmo possa sentir a unção da devoção de Sua Santidade para com Nossa Senhora e o que ele quis nos transmitir sobre a Mensagem da Mãe de Deus. Depois apresentaremos os dados históricos que revelam a Mensagem da Mãe Aparecida e fundamentam a devoção que envolveu todo o povo brasileiro.

1. A homilia do Papa Francisco

"Quanta alegria sinto ao vir à casa da Mãe de cada brasileiro, o Santuário de Nossa Senhora Aparecida. No dia seguinte da minha eleição como Bispo de Roma, fui visitar a Basílica de Santa Maria Maior, para confiar a Nossa Senhora meu ministério. Hoje, eu quis vir aqui para suplicar a Maria, nossa Mãe, o bom êxito da Jornada Mundial da Juventude e colocar a seus pés a vida do povo latino-americano. Queria dizer-lhes, primeiramente, uma coisa. Neste Santuário, seis anos atrás, quando aqui se realizou a V Conferência Geral do Episcopado da América Latina e do Caribe, pude dar-me conta pessoalmente de um fato belíssimo: ver como os Bispos – que trabalhavam sobre o tema do encontro com Cristo, 'discipulado e missão' – estavam animados, acompanhados e, em certo sentido, inspirados por milhares de peregrinos que vinham diariamente confiar sua vida a Nossa Senhora. Aquela Conferência foi um grande momento de vida da Igreja. E, de fato, pode-se dizer que o Documento de Aparecida nasceu justamente deste encontro entre os trabalhos dos Pastores e a fé simples dos romeiros, sob a proteção maternal de Maria. A Igreja, quando busca Cristo, bate sempre à porta da casa da Mãe e pede: 'Mostrai-nos Jesus'. É com Maria que se aprende a ser verdadeiro discípulo de Cristo. E, por isso, a Igreja sai em missão sempre nas pegadas de Maria. Assim, antes da Jornada Mundial da Juventude que me trouxe até o Brasil, também eu venho hoje bater à porta da casa de Maria, que amou e educou Jesus, para que ajude a todos nós, aos Pastores do Povo de Deus, aos pais e aos educadores a transmitir aos nossos jovens os valores que farão deles construtores de um país e de um mundo mais justo, solidário e fraterno. Para tal, gostaria de chamar atenção para três simples posturas: conservar a esperança, deixar-se surpreender por Deus e viver na alegria.

a) Conservar a esperança

A segunda leitura da Missa apresenta uma cena dramática: uma mulher – figura de Maria e da Igreja – sendo perseguida por um dragão – o diabo – que lhe quer devorar o filho. A cena, porém, não é de morte, mas de vida, porque Deus intervém e coloca a mãe e o filho a salvo (cf. Ap. 12,13a.15-16a). Quantas dificuldades na vida de cada um de nós, do nosso povo, das nossas comunidades, mas, por maiores que possam parecer, Deus nunca deixa que sejamos submergidos. Diante do desânimo que poderia surgir na vida de quem trabalha na evangelização ou de quem se esforça para viver a fé como pai e mãe de família, quero dizer bem alto: tenham sempre no coração esta certeza! Deus caminha a seu lado, nunca os deixa desamparados! Nunca percamos a esperança! Nunca deixemos que ela se apague em nossos corações! O 'dragão', o mal, faz-se presente em nossa história, mas ele não é o mais forte. Deus é o mais forte, e Deus é a nossa esperança! É verdade que hoje, muitas pessoas, e também nossos jovens, experimentam o fascínio de tantos ídolos que se colocam no lugar de Deus e parecem dar esperança: o dinheiro, o poder, o sucesso e o prazer. Frequentemente, uma sensação de solidão e de vazio entra no coração de muitos e conduz à busca de compensações desses ídolos passageiros.

Queridos irmãos e irmãs, sejamos luzeiros de esperança! Tenhamos uma visão positiva sobre a realidade. Encorajemos a generosidade que caracteriza os jovens, acompanhando-os no processo de se tornarem protagonistas da construção de um mundo melhor: eles são um motor poderoso para a Igreja e para a sociedade. Eles não precisam só de coisas, precisam, sobretudo, que lhes sejam propostos aqueles valores imateriais que são o coração espiritual de um povo, a memória de um povo. Neste

Santuário que faz parte da história do Brasil, podemos quase que apalpá-los: espiritualidade, generosidade, solidariedade, perseverança, fraternidade e alegria; trata-se de valores que encontram sua raiz mais profunda na fé cristã.

b) Deixar-se surpreender por Deus

Quem é homem e mulher de esperança – a grande esperança que a fé nos dá – sabe que, mesmo em meio às dificuldades, Deus atua e nos surpreende. A história deste Santuário serve de exemplo: três pescadores, depois de um dia sem conseguir apanhar peixe algum nas águas do Rio Paraíba, encontram algo inesperado: uma imagem de Nossa Senhora da Conceição. **Quem poderia imaginar que o lugar de uma pesca infrutífera tornar-se-ia o lugar onde todos os brasileiros podem se sentir filhos de uma mesma Mãe?** Deus sempre surpreende com o vinho novo do Evangelho que ouvimos. Deus sempre nos reserva o melhor. Mas pede que nos deixemos surpreender pelo seu amor, que acolhamos as suas surpresas. Confiemos em Deus! Longe d'Ele, o vinho da alegria e o vinho da esperança se esgotam. Se nos aproximamos d'Ele, se permanecemos com Ele, aquilo que parece água fria, aquilo que é dificuldade, aquilo que é pecado se transforma em vinho novo de amizade com Ele.

c) Viver na alegria

Queridos amigos, se caminhamos na esperança, deixemo-nos surpreender pelo vinho novo que Jesus nos oferece; há alegria no nosso coração e não podemos deixar de ser testemunhas desta alegria. O cristão é alegre, nunca está triste. Deus nos acompanha. Temos uma Mãe que sempre intercede pela vida de seus filhos como a rainha Ester na primeira leitura (cf. Est 5,3). Jesus nos mostrou que a face de Deus é a face de um Pai que nos ama. O pecado e a morte foram derrotados. O cristão não pode ser pessimista! Não pode ter uma cara de quem parece estar num constante estado de luto. Se estivermos verdadeiramente enamorados de Cristo e sentirmos o quanto Ele nos ama, nosso coração se 'incendiará' de tal alegria que contagiará quem estiver ao nosso lado. Como dizia Bento XVI, aqui neste Santuário: 'O discípulo sabe que sem Cristo não há luz, não há esperança, não há amor, não há futuro'[6].

Queridos amigos, viemos bater à porta da casa de Maria. Ela abriu-nos a porta, fez-nos entrar e nos aponta seu Filho. Agora Ela nos pede: 'Fazei o que Ele vos disser' (Jo 2,5). Sim, Mãe, nós nos comprometemos a fazer o que Jesus nos disser! E o faremos com esperança, confiantes nas surpresas de Deus e cheios de alegria. Assim seja."

2. O Papa destaca a Mensagem do Santuário

O Papa Francisco referiu-se a dois fatos históricos: a pesca da imagem e a pesca dos peixes, que os pescadores consideraram milagrosa. Dois fatos acontecidos no Porto de Itaguaçu que, além de ser um lugar topográfico onde aconteceu a surpresa de Deus para com aqueles pescadores, é também o lugar onde nasceu o Santuário de Aparecida.

Francisco vai ao cerne da Mensagem: **"Lugar onde todos os brasileiros se sentem filhos da mesma Mãe, a Senhora Aparecida"**. A surpresa de Deus naturalmente não está restrita a este lugar geográfico ou topográfico, pois os devotos da Mãe Aparecida residentes na Amazônia, no Nordeste ou no Sul do

---

[6] Discurso inaugural de Bento XVI na Abertura da V Conferência Geral do Episcopado da América Latina e do Caribe. Aparecida, 2007.

por exemplo, que nunca ou dificilmente poderão estar em Aparecida, também são contagiados por esta Mensagem; sentem-se também filhos da mesma Mãe, que lhes dá a jubilosa esperança de salvação em seu filho Jesus Cristo.

3. A pesca da imagem

As margens do Rio Paraíba do Sul eram povoadas por muitas famílias pobres que viviam do produto da pesca. Seria, então, fácil conseguir boa mistura para a mesa do Conde de Assumar que, a caminho de Ribeirão do Carmo, hoje cidade de Mariana, em Minas Gerais, permaneceu 15 dias hospedado na Vila de Guaratinguetá (16 a 30 de outubro). A Câmara Municipal convocou os pescadores para que apanhassem grande quantidade de peixes para servir a mesa do Conde e de sua comitiva. Além disso, eles precisavam levar boa quantidade de peixes salgados para a longa viagem através dos campos desabitados até as minas de ouro nas Minas Gerais.

Esta região do rio Paraíba era propícia para a pesca. Os pescadores Domingos Martins Garcia, João Alves e Felipe Pedroso, na segunda quinzena de outubro de 1717, partiram do Porto de José Correa Leite, situado na região de Tetequera, município de Pindamonhangaba, e desceram o rio lançando suas redes. Para seu desespero, a pescaria foi infrutífera até chegarem ao Porto de Itaguaçu, a uma distância de mais ou menos seis quilômetros de várzea do rio Paraíba. Pediram, então, a ajuda de Deus e a proteção da Imaculada Conceição, como diz o documento: "Não tendo apanhado peixe algum, lançaram a rede no Porto de Itaguaçu, apanhando na rede, João Alves, o corpo de uma imagem sem a cabeça". E continua o documento: "Em outro lance da rede pescaram a cabeça da mesma imagem".

Os pescadores poderiam tê-la jogado novamente na água, sem isso significar a mínima falta de respeito, pois era costume, na época, que, quando se quebrasse uma imagem de devoção, seria enterrada, jogada num poço ou no rio. Mas depois acontece o imprevisto: apanham muitos peixes.

4. A pesca abundante de peixes

Esse fato extraordinário, após a pesca da imagem, consta da própria narrativa do Encontro da Imagem, escrita pelo Pe. Dr. João de Moraes e Aguiar, mestre em Teologia, pároco de Santo Antônio de Guaratinguetá, no Livro do Tombo aberto por ele no ano de 1750 [7]. É tão singela e tão despida de circunstâncias fantasiosas ou lendárias que nos revela, com certeza, um fato realmente acontecido.

Ele escreveu:

> E continuando a pescaria, não tendo apanhado peixe algum, daí por diante foi tão abundante a pescaria que, receosos, (Felipe Pedroso) e os companheiros, de naufragarem pelo muito peixe que tinham nas canoas, retiraram-se às suas vivendas (moradias), admirados deste sucesso[8].

Esse fato foi confirmado também pelo relatório da missão popular que dois padres jesuítas pregaram no povoado de Aparecida, em 1748, três anos depois da inauguração da primeira igreja construída em louvor de N. Senhora Aparecida:

---

[7] Primeiro Livro do Tombo da Paróquia de S. Antônio de Guaratinguetá, p. 99v.
[8] Idem, Ibidem.

Os missionários chegaram à "Capela da Aparecida", situada em Guaratinguetá, que os moradores chamam de "Aparecida", porque, tendo os pescadores lançado suas redes no rio, recolheram primeiro o corpo, depois, em lugar mais distante, a cabeça. Aquela Imagem foi moldada em argila; sua cor é negra[9], mas famosa pelos muitos milagres realizados[10].

Um fato muito simples, até banal: a pesca de uma imagem quebrada da Imaculada Conceição de Maria. Mas, na Providência Divina, seria um grande sinal de bênção da "Mãe Aparecida", não só pela pesca abundante, mas ainda pela devoção e pelo amor que a Imagem despertou nos pescadores; um grande sinal, enfim, da bênção da Mãe Aparecida em favor do povo brasileiro.

5. A Imagem foi lançada no Porto de Itaguaçu, uma hipótese muito provável

Existem algumas lendas para explicar como a Imagem foi parar no Porto de Itaguaçu. Lembro apenas uma: Na cidade de Jacareí, SP, situada à margem do Rio Paraíba, apareceu no rio uma grande serpente apavorando e amedrontando a população. Uma senhora, dizem, devota da Imaculada Conceição, padroeira daquela paróquia, atirou na serpente uma imagem da Imaculada Conceição, espantando-a para sempre. E com o passar dos anos aquela Imagem foi levada pela correnteza até o Porto de Itaguaçu, onde foi providencialmente pescada em 1717. Reparem a conotação bíblica (Livro do Gê-

---

[9] Em latim há um trocadilho interessante "imago nigra sed clara" = imagem *negra*, mas clara, *célebre* por seus milagres.
[10] Cf. ARSI, Bis, 10/II. p. 429-430 ou fotocópia autenticada do mesmo documento no Arquivo da Província Redentorista de S. Paulo.

nesis) do fato: uma serpente sendo afugentada com a Imagem da Imaculada Conceição!

Nas últimas décadas de 1600, exatamente no ano de 1693, foi descoberta a primeira quantidade apreciável de ouro[11], na região conhecida hoje como Ouro Preto, pelo bandeirante paulista Borba Gato. Bastou esse fato para que acontecesse o fenômeno da "Corrida do ouro", quando muitos paulistas se dirigiam para lá em busca do precioso metal. Muitas famílias procediam da Vila de Santana do Parnaíba-SP, onde residia o piedoso monge beneditino, Frei Agostinho de Jesus, que se dedicava ao ofício de santeiro. Suas imagens de terra cota eram muito apreciadas pelas famílias, que as expunham em seus oratórios domésticos para a devoção familiar. Talvez – é uma hipótese muito provável – a Imagem pertencente a uma das famílias, migrando para as Minas, quebrou-se durante a viagem, e como a antiga estrada que levava os viajantes para Minas Gerais, na altura do Porto de Itaguaçu, passava bem próxima do rio Paraíba, certamente a família jogou-a no rio para que ninguém a profanasse. E, na lama do fundo do rio, a imagenzinha ficou oculta até os pescadores a apanharem na rede, em 1717.

---

[11] MARTINS, Tarcísio José. Instituto Histórico e Geográfico de Minas Gerais, Quilombo do Campo Grande, História de Minas Gerais que se devolve ao povo, p. 21. Contagem: Ed. Santaclar, 2008.

3

O Oratório de Itaguaçu

Felipe Pedroso, o mais velho dos pescadores, que residia na região do Córrego do Sá (imediações da Santa Casa, local de hoje), levou a Imagem para sua casa conservando-a consigo por seis anos (1717-1723). Logo depois da pescaria, ele procurou compor a Imagem antes de colocá-la no seu oratório, limpando-a da lama e colando a cabeça ao tronco "com cera da terra", no dizer do documento, isto é, com cera da abelha arapuá que sendo pegajosa podia, de fato, colar precariamente a cabeça ao tronco. Foi, então, que, segurando a Imagem em suas mãos e fixando-a, percebeu sua postura com as mãos postas em prece e os lábios entreabertos como que a sorrir compassiva para ele. Comovido, caiu de joelhos e exclamou: "Minha Nossa Senhora Aparecida, valei-me na vida e na morte".

A partir de então, sua família e os vizinhos começaram a prestar o culto familiar àquela Imagem sob o novo título de "Aparecida". Depois, Felipe Pedroso passou a residir na região da Ponte Alta (imediações da Torre da Basílica Nova), onde continuou a devoção familiar em sua casa.

A narrativa do Livro do Tombo insiste mais vezes em afirmar que os moradores se reuniam aos sábados para cantar o terço e as Ladainhas junto da Imagem. Rezar e cantar louvores a Deus; rezar e cantar louvores a Nossa Senhora ou aos santos populares era uma das manifestações mais expressivas do Catolicismo brasileiro. Dessas celebrações do culto a Cristo, à Virgem Maria e aos santos, nascia o compromisso de fé daquelas famílias de humildes pescadores e dos devotos em geral que se conservaram fiéis à Igreja Católica.

Por volta de 1732, Felipe Pedroso voltou a residir em Itaguaçu, entregando a Imagem para seu filho Atanásio. Este construiu um Oratório ou Capela junto da estrada, onde se iniciou o culto público da Imagem. Eram muitas as famílias que se reuniam todos os sábados para cantar o terço e as ladainhas de N. Senhora e também entoar as lições do catecismo. Como o Oratório estava situado junto da estrada que levava para a região do ouro, em Minas Gerais, a devoção e os favores, concedidos aos devotos pela Mãe de Deus, logo se espalharam aumentando cada vez mais a afluência de pessoas não só do Vale do Paraíba, mas também de regiões mais distantes. E foi naquele Oratório que aconteceu um dos mais significativos milagres pela intercessão da Mãe Aparecida.

O milagre das velas

Mais simbólico e rico de significado, sem dúvida, depois da pesca da imagem, foi o milagre das velas, porque tem íntima relação com a fé. O fato aconteceu no primitivo Oratório de Itaguaçu pelo ano de 1735. Eram muitas as pessoas que se reuniam todos os sábados, para cumprir suas devoções. De repente, apagaram-se as velas do altar da Santa sem que houvesse razão para isso, pois, diz o documento, a noite "estava calma e serena". A zeladora do Oratório, dona Silvana da Rocha, procurou acendê-las de novo. Ao aproximar-se do altar, porém, todas as velas se reacenderam sozinhas. Perplexos, todos exclamaram: milagre, milagre, milagre!

Apoiando-me nos primitivos documentos, posso afirmar que a rápida expansão do culto a Nossa Senhora Aparecida foi o fato mais extraordinário acontecido junto da Imagem. Foi o maior milagre, uma vez que a comunicação se deu de pessoa para pessoa sem outros meios senão a fé na intercessão da Mãe de Deus. Enfim, a nosso ver, o fator que mais influenciou na difusão da devoção foi a Mensagem espiritual da alegre e jubilosa esperança de salvação em Jesus Cristo que, a partir de sua Imagem, se irradiou para todas as direções do país.

Esse milagre das velas representa, sem dúvida, a fé de nosso povo em Jesus Cristo e na sua Igreja, não obstante a falta de evangelização que atingiu profundamente, no passado, a vida de nossa gente. Esse fenômeno da devoção popular cresceu muito durante o regime do Padroado, quando a Igreja não possuía a liberdade para sua ação missionária. A reforma que o Concílio de Trento havia proposto para o clero e para a Igreja não foi executada no Brasil por falta do "placet" do Imperador [12].

Consta da história que Dom Pedro II alimentava o projeto da reforma dos seminários para melhorar a formação do clero. Estes, desde a expulsão dos Jesuítas, em 1759, por obra do maçom português Marquês de Pombal, deixaram de cumprir sua função ou até mesmo de existir na maioria das dioceses. Dom Pedro tinha a intenção, como registrou em seu diário pessoal, de desapropriar os grandes bens das antigas ordens religiosas

---

[12] Os documentos da Santa Sé não podiam ser publicados sem a licença do governo; exigia-se o "placet", isto é, o "cumpra-se" do Imperador.

e utilizá-los na reforma. Para que isso acontecesse, o Ministro Joaquim Nabuco transmitiu, em 1851, um aviso aos superiores das referidas ordens religiosas, comunicando-lhes o impedimento de receberem noviços. Assim estava decretada a extinção das antigas ordens religiosas, antes tão beneméritas na evangelização de nosso povo. O Imperador Pedro II esperava que, uma vez extintas as ordens, ele poderia utilizar seus bens para a reforma dos seminários. Esse aviso prejudicou a Igreja, pois ela não podia mais contar com o trabalho de novos religiosos e as próprias ordens estavam fadadas à extinção por falta de elementos novos que as renovassem, como declarava o célebre franciscano Frei Francisco de Montealverne.

Certamente, o Imperador não contava com a longevidade dos frades, pois um franciscano e outro beneditino, ambos dos mosteiros do Rio de Janeiro e síndicos das propriedades das respectivas Ordens, na última década do século dezenove, assinaram o documento passando os mosteiros e suas propriedades para os franciscanos e beneditinos alemães que vieram reformar suas respectivas Ordens.

4

A primeira igreja e a aprovação do culto sob a nova invocação de "Aparecida"

A Mensagem da Mãe Aparecida cresceu sempre mais após a aprovação pela Igreja do culto a Nossa Senhora sob o novo título de Aparecida. Passaram-se apenas dez anos (1732-1743), desde que se iniciou o culto público a Nossa Senhora Aparecida, e o Oratório construído no Porto de Itaguaçu já não comportava mais a multidão dos devotos. Era o início da afluência das romarias que vinham de perto e de regiões longínquas do país.

No ano de 1740, o culto já se tornara tão intenso e extenso que o então vigário da paróquia de Santo Antônio de Guaratinguetá, Pe. José Alves Villela, achou por bem pedir ao bispo diocesano do Rio de Janeiro [13], Dom Frei João da Cruz, a licença para construir uma igreja e a aprovação do culto sob a nova invocação de "Aparecida". Ele redigiu um relatório dos milagres e da devoção do povo para com N. Senhora da Conceição Aparecida enviando-o, em 1743, junto com o pedido para construir a igreja, a Dom Frei

---

[13] Em 1743, a diocese de São Paulo ainda não tinha sido criada, esta foi a razão porque o Pe. Villela fez o requerimento a Dom João da Cruz; a Diocese de São Paulo foi criada em 1746.

João de Cruz, que se encontrava em Visita Pastoral na cidade de Mariana, MG. Naquela cidade foi assinada a Provisão aprovando a construção da igreja e o culto sob o novo título de "Aparecida". Na referida Provisão, concedida pelo bispo[14] a 5 de maio de 1743, consta o seguinte resumo do pedido do Pe. Villela:

> Diz o Pe. José Alves Villela, vigário da igreja de Santo Antônio de Guaratinguetá, com os mais devotos de Nossa Senhora da Conceição Aparecida, que, pelos muitos milagres que a dita Senhora tem concedido a todos aqueles moradores, desejam erigir uma capela com o título da mesma Senhora, que se acha até agora em lugar pouco decente, e como os suplicantes não podem erigir a dita capela sem especial licença de V. Exa., pedem a V. Exa. faça-lhes mercê mandar passar Provisão de ereção da dita Capela na forma de estilo.

E, no mesmo documento, ainda conservado em perfeito estado no Arquivo da Cúria Metropolitana de Aparecida, Dom Frei João da Cruz aprovou a devoção a Nossa Senhora sob o novo título de "Aparecida" e a construção da primeira igreja em seu louvor: "Havemos por bem de lhes conceder licença, como pela nossa presente provisão lhes concedemos, para que possam edificar uma Capela com o título da mesma Senhora na dita freguesia, em lugar decente, escolhido pelo Revmo. Pároco".

Essa primeira igreja foi construída pelo Pe. José Alves Villela no Morro dos Coqueiros, atual colina onde se assenta a cidade de Aparecida. As terras foram doadas pela viúva Nunes Rangel, com escritura passada a 6 de maio de 1744. É interessante ano-

---

[14] D. João da Cruz era carmelita, daí o título de Frei.

tar esta passagem da referida escritura: "...e doou de hoje para sempre à Virgem Maria, Senhora da Conceição, chamada "Aparecida", para que no dito Morro dos Coqueiros, pela disposição que a dita paragem tem, possam edificar a nova Capela".

A escolha do local foi, sem dúvida, privilegiada, como reconhecia o cientista francês, August de Saint-Hilaire, que passou por Aparecida no ano de 1822: "É encantadora a vista desfrutada do alto da colina. Descortina-se região alegre, coberta de mata pouco elevada. O rio Paraíba ali descreve elegantes sinuosidades, e o horizonte é limitado pela alta cordilheira da Mantiqueira".

A supervisão da obra foi entregue ao capitão Antônio R. Leme, de Guaratinguetá, e a construção a seus escravos. Em dois anos, de 1743 a 1745, foi construída a primeira igreja em louvor de N. Senhora da Conceição Aparecida. A igreja possuía uma torre, a nave central, o presbitério e duas naves laterais em forma de corredor. Depois da reforma e da ampliação de 1768, a igreja ganhou duas torres e ficou gravada na aquarela deixada pelo pintor austríaco, Thomas Ender, por ocasião de sua passagem pelo Santuário, em 1817[15].

A inauguração da igreja aconteceu na festa da Senhora Santana, a 26 de julho de 1745. Desse fato tão importante para o Santuário como para a cidade de Aparecida, pois, na ocasião, foi inaugurado o primitivo povoado com o nome de "Capela de Aparecida"[16], temos a ata original assinada pelo Pe. José Alves Vilella.

O dia 26 de julho daquele ano caiu numa segunda-feira. Na véspera, domingo, Pe. José com todo o povo trouxe a Imagem do Oratório de Itaguaçu, em solene procissão, colocando-a no

---

[15] Os originais desta aquarela encontram-se no Museu de Arte de Viena, Áustria.
[16] Cf. Autos de ereção e bênção de Capelas in ACMA ou cópia autenticada no Arquivo da Província Redentorista de São Paulo.

nicho do altar da nova igreja. No mesmo dia 26, pela manhã, ele a benzeu e celebrou a primeira santa missa. "Benzi a igreja aos vinte e seis de julho do presente ano de mil setecentos e quarenta e cinco para nela se celebrar a santa missa", escreveu na ata da inauguração Pe. Villela. Essa ata é também a certidão da inauguração do povoado de Aparecida[17] que nasceu ao redor da igreja.

Essa igreja de taipa de pilão, construída pelos negros escravos, com seus altares entalhados em madeira e seu nicho com a Imagem, diante do qual ardiam as lâmpadas votivas,[18] recordando o milagre das velas, foi o trono que os devotos quiseram construir e dedicar à Mãe Aparecida. Foi um gesto de gratidão e de confiança do povo que sentia sempre mais presente em sua vida cotidiana o poderoso amparo de sua divina Mãe.

Nascia então um novo Santuário que seria o maior e o mais importante da Igreja no Brasil e um dos maiores Santuários marianos do mundo.

Essa primeira igreja foi substituída pela atual Basílica Velha – construída de pedra e de tijolos – que foi inaugurada no dia 24 de junho de 1888. Durante os 143 anos da primitiva igreja (1745-1888), tendo como média anual 150 mil peregrinos, chegamos ao expressivo número de 21.450.000 de peregrinos. Todos procurando a salvação em Jesus Cristo, conduzidos pela intercessão da Mãe Aparecida.

---

[17] Capela da Aparecida como ficou na voz do povo até as primeiras décadas de 1900. Já anotamos como o pintor Thomas Ender datou sua aquarela. Vista da igreja na Capela da Aparecida em vez de povoado de Aparecida.

[18] Consta do testamento de José dos Santos, de 1751, ter ele deixado certa quantia de dinheiro para o óleo das lâmpadas. Até o ano de 1954, conservavam-se ainda as quatro lâmpadas pendentes da abóbada do presbitério, e o óleo de mamona que eles mesmos fabricavam era oferecido pelos devotos agricultores de Minas Gerais.

A partir do Santuário de Aparecida a devoção espalhou-se para a região Sul: Curitiba, Viamão, Laguna[19]; para o Centro-oeste: Cuiabá, Goiás e, naturalmente, para os Estados de São Paulo, Rio de Janeiro e Minas Gerais.

A primeira capela dedicada a N. Senhora Aparecida, fora de Aparecida, foi construída nas imediações da cidade de Sorocaba, SP, na paragem de Piragibu, onde está situado hoje o conhecido bairro operário de Aparecidinha. A Provisão foi passada a 4 de junho de 1782, em favor do morador daquele lugar, Sr. Antônio José da Silva, pelo bispo de São Paulo, Dom Manuel da Ressurreição.

Desde fins do século dezoito, existia em Viamão, no Rio Grande do Sul, uma capela dedicada a Nossa Senhora Aparecida e, em 1827, bandeirantes paulistas estabeleceram-se em Passo Fundo, também no Sul, construindo uma capela em louvor a Nossa Senhora Aparecida que deu origem àquela cidade, que hoje é sede episcopal com sua catedral dedicada a Nossa Senhora Aparecida.

A cidade de Alegrete, RS, teve sua origem a partir da construção de uma capela em louvor de Nossa Senhora Aparecida no ano de 1814. Seu fundador foi o Gal. Bento Manoel de Abreu, como consta no Museu Júlio de Castilho de Porto Alegre, em cuja entrada está seu retrato com esta inscrição: "Em cumprimento de uma promessa erigiu uma capela em homenagem a N. S. Aparecida, ao redor da qual surgiu a cidade de Alegrete".

---

[19] Aqui há um fator externo que ajudou a levar a devoção para o Sul do país: a grande feira anual de muares de Sorocaba, onde os criadores do Sul vendiam cavalos e mulas. Num livro de registro de donativos a Nossa Senhora do ano de 1795, consta a doação de cavalos a N. Senhora.

Entretanto, o fato que mais influenciou na rápida e ampla difusão da devoção foi, a nosso ver, a mensagem espiritual da jubilosa esperança de salvação em Cristo, que, a partir da Imagem de Aparecida, se espalhou para todo o Brasil. Essa mensagem de salvação em Cristo penetrou nos corações dos devotos, que, invocando-a em suas necessidades materiais e espirituais, sentiam reascender sempre mais, e de novo, sua fé à semelhança da chama do milagre das velas do primitivo Oratório de Itaguaçu.

Com as restrições impostas pelo Regime do Padroado, a Igreja no Brasil deixou de ser missionária e o povo refugiou-se na devoção aos santos, especialmente na devoção a N. Senhora Aparecida, guardando sua fé e sua adesão à Igreja Católica. Os desígnios de Deus são surpreendentes. Deus que nunca nos abandona esteve ao lado da Igreja no Brasil, pois a proclamação da República, que na mente dos maçons, eternos inimigos da Igreja, tinha como objetivo destruir altar e trono suprimindo a Igreja. Enganaram-se eles, pois o trono foi realmente destruído com a proclamação da República, mas não o altar. Livre das amarras do poder político do Padroado, a Igreja voltou a ser missionária e, valendo-se da religiosidade popular que continuava viva, especialmente nos Santuários, pôde continuar a renovação iniciada pelo santo bispo de Mariana, Minas Gerais, Dom Antônio Viçoso, em 1844, e intensificá-la a partir das últimas décadas de 1800 e nas primeiras de 1900.

O primeiro ato nacional público de manifestação da religiosidade popular no Brasil aconteceu na festa da Coroação da Imagem, no dia 8 de setembro de 1904, quando se reuniram para a festa cerca de 15 mil peregrinos. Na época, a pastoral do Santuário já estava sendo conduzida com muito sucesso pelos missionários redentoristas alemães. Não há dúvida de que Deus estava levando seu povo pelas mãos de Maria para uma vivência mais consciente da fé católica e dos compromissos do batismo.

5

De mãos postas e de rosto compassivo

O monge beneditino Frei Agostinho de Jesus modelou a imagem da Imaculada Conceição de Maria com o rosto sorridente e com as mãos postas em súplica. A moldagem da Imagem deve ter acontecido no início do século dezessete, no mosteiro beneditino de Santana do Parnaíba. O Dr. Pedro de Oliveira, perito em imagens, afirma que a argila com a qual o monge modelou a Imagem de Aparecida é da região da Grande São Paulo, onde estava situado o primitivo Mosteiro beneditino. E Dom Paulo Lachenmeier, do mosteiro de São Salvador da Bahia, também perito em imagens de terra cota, afirma que a Imagem de Aparecida é de autoria de frei Agostinho de Jesus.

Conforme análise do Dr. Pedro de Oliveira Ribeiro Neto que as estudou, as características das imagens de Frei Agostinho de Jesus são: "A forma sorridente dos lábios, descobrindo os dentes da frente, a forma do rosto com o queixo encastoado, no meio do qual há uma covinha; o penteado longo e solto, pendente nos lados e nas costas, as flores em relevo nos cabelos; o diadema na testa com um broche com três pérolas pendentes; as mãos postas e o porte empinado para trás da imagem"[20].

As cores originais da Imagem eram: tez branca do rosto e das mãos com o manto azul e forro vermelho grená. Por ter ficado submersa por muitos anos no lodo das águas do rio e, posteriormente, exposta ao lume e à fumaça dos candeeiros, velas e tochas, quando ainda se encontrava no oratório doméstico do pescador Domingos Garcia ou no Oratório do Porto de Itaguaçu, a Imagem de Nossa Senhora Aparecida adquiriu a cor que hoje conserva castanho brilhante (quase negra). O manto e a coroa foram colocados quando o culto se tornou público, não só para disfarçar a quebra no pescoço[21], mas também como um gesto de carinho e de amor de seus devotos.

São exatamente essas as características que se notam na Imagem de N. Senhora da Conceição Aparecida, encontrada no rio Paraíba do Sul, no ano de 1717. Coincidência ou não, esses dados nos revelam a mensagem que o piedoso monge quis imprimir em sua Imagem e que Felipe Pedroso percebeu no seu sorriso compassivo ao compô-la e ao colocá-la no altar de sua casa: "A mensagem de esperança que a Mãe de Deus queria transmitir a todo o povo brasileiro".

Os pescadores compreenderam a misteriosa participação de Maria de Nazaré no mistério da salvação do gênero humano. Ela é a Mãe que sorri para seus filhos que sofrem e que necessitam de ajuda e de consolo. É a Mãe que intercede ajudando seus devotos a se aproximarem de seu filho Jesus Cristo em quem

---

[20] Ribeiro Neto, Pedro de Oliveira. Conferência "A Imagem de Nossa Senhora Aparecida" no livro "Jubileu de Ouro & Rosa de Ouro". Aparecida: Edição Santuário, 1970, p. 73.
[21] O mais antigo retrato da Imagem que temos é do fotógrafo da Penha, SP, Sr. André Bonotti: a Imagem sem manto com uma grossa corrente de ouro em volta do pescoço para disfarçar a quebra.

encontram libertação e salvação. É o povo acreditando nas passagens evangélicas do Anúncio do anjo Gabriel a Maria, em Nazaré; da intercessão em favor dos noivos nas Bodas de Caná e, sobretudo, naquelas palavras de Cristo pendente da Cruz: "Mulher, eis aí teu filho".

E podemos bendizer e louvar a inspiração de Frei Agostinho de Jesus ao modelar a Imagem e a devoção dos pescadores ao lhe prestar culto:

Mãos benditas,
as do monge artista,
que modelaram na argila
a Imagem da Mãe compassiva
da Senhora Aparecida.
Felizes pescadores que perceberam
o olhar da Mãe compadecida,
e sua devoção nos transmitiram
à Senhora da Conceição Aparecida.

6

A graça do Santuário: a conversão para Cristo por intercessão da Mãe de Deus

No dia 26 de julho de 1745, foi inaugurada não apenas mais uma igreja no Brasil, mas sim um novo templo que se tornaria um lugar privilegiado de reconciliação com Deus; um lugar de refúgio dos pecadores que buscam o amparo da Mãe de Deus, um **"lugar sagrado, onde"**, na expressão do Papa Francisco, **"todos os brasileiros se sentem irmãos"**.

Todo Santuário é um lugar especial de busca do sobrenatural, do contato com Deus. Nele, o peregrino, levado pela fé, pode encontrar novamente o caminho da fé e do fervor da vida cristã. O Papa João Paulo II pedia que nos Santuários fossem acolhidos, com caridade pastoral, também aqueles cristãos que vivem irregularmente, a fim de que a devoção a Nossa Senhora os ajude a regularizar suas vidas, conforme os preceitos da moral cristã.

Podemos então dizer que os Santuários tinham e têm uma missão especial na Igreja; missão que se revela na graça de conversão, da qual nasce a jubilosa esperança de salvação depositada pelos peregrinos em Jesus Cristo por mãos de Maria. Essa realidade especial do Santuário de Aparecida ficou evidente na missão popular, pregada por dois missionários jesuítas no povoado de Aparecida, em 1748.

A pedido do primeiro bispo de São Paulo, Dom Bernardo Rodrigues de Carvalho, eles percorreram 12 localidades pregando as santas missões. No relatório que fizeram dessas missões, enviado para o Arquivo Geral dos Jesuítas, em Roma, no ano de 1750, deram destaque especial a duas delas: a missão de São Paulo por causa da participação do santo bispo que, descalço, portava a cruz na frente das procissões de penitência e a do povoado de Aparecida[22] pelo sucesso que obtiveram com a conversão de seus habitantes pela intercessão da Mãe de Deus.

No relatório da missão eles escreveram:

> A Capela recebe muitas esmolas pecuniárias, doadas por devoção e gratidão, lucrando todos os meses mais de cem mil réis. Aí, por especial patrocínio da Virgem Mãe de Deus, o resultado da missão foi mais abundante. Este povoado se consumia em acirradas inimizades, que todos, porém, desfizeram reatando publicamente a amizade, após o sermão que fizemos sobre o amor fraterno[23].

De fato, à sombra dos santuários sempre existiu e existe a competição comercial que gera maledicências e calúnias, senão ódio. Sempre há críticas injustas contra os agentes de pastoral

---

[22] O documento dos missionários jesuítas usa o nome de Capela de Aparecida em lugar de Povoado de Aparecida. O Pe. Villela ao escrever a ata da inauguração da igreja localiza-a e data-a: "Capela da Aparecida, dia 26 de julho de 1745". O pintor austríaco, Tomas Ender, identifica sua aquarela com estes dizeres: "Ansicht von Kierche zu Capela Aparecida (Vista da igreja na Capela de Aparecida). Os romeiros mineiros costumavam dizer até a década de 1930: "Vou à Capela da Aparecida cumprir minhas promessas".
[23] Relatório da missão de 1748 em ARSI Bras.10/II, p. 429-430.

que trabalham nos santuários. Tal era a situação do povoado de Aparecida, em 1748, que o missionário podia afirmar que todos os habitantes participaram da missão e se reconciliaram movidos pela intercessão da Mãe de Deus. Esse relatório foi enviado para Roma, em 1750, depois de traduzido para o latim no Colégio dos padres Jesuítas de São Salvador da Bahia. Os termos usados em latim são contundentes: *"Hoc oppidum ardebat acerrimis inimicitiis"* (este povoado se consumia em inimizades mortais) e, contudo, pela intercessão da Mãe Aparecida, a graça de Deus aconteceu e todos fizeram as pazes.

Confirmava-se dessa maneira, naquela missão, a vocação Mariana deste Santuário: levar todos os peregrinos, por intercessão da Mãe de Deus, a aderir a Jesus Cristo e à sua Igreja.

7

Cientistas e a força da Mensagem do Santuário

De viajantes brasileiros ou de peregrinos nossos não temos avaliações escritas em diários de viagem, mas sim, e muitas, na linguagem plástica dos ex-votos deixados na Capela das Promessas. E seriam milhões e milhões, se todos os retratos fossem conservados. A Sala das Promessas do subsolo da atual Basílica dá-nos uma amostra do que afirmamos.

Os cientistas aos quais nos referimos são: Johann Baptist von Spix, Karl Friedrich Von Martius, botânicos austríacos, e August de Saint-Hilaire, botânico francês, que visitaram o Santuário nas primeiras décadas do século XIX. Na época, Aparecida era um povoado inexpressivo com poucos moradores que residiam em volta da igreja. Nada, portanto, poderia despertar a atenção desses cientistas estrangeiros senão a igreja, que era respeitável para a época, e, sobretudo, a Imagem, que atraía peregrinos de todos os recantos do Brasil e a bonita paisagem que se descortinava do alto da colina para o Vale do Paraíba, tendo como moldura natural de fundo a imponente Serra da Mantiqueira.

Eles perceberam que algo de extraordinário acontecia no Santuário e que ultrapassava o conjunto natural da igreja e da paisagem, isto é, a pequenina Imagem de Nossa Senhora ali venerada. Por isso, Karl Fr. Ph. Von Martius escreveu em seu diário de viagem, em 1817: "A milagrosa Imagem de Nossa Senhora atrai peregrinos de toda a Província (de São Paulo) e de Minas Gerais"[24].

Alguns anos depois, em 1822, Augusto de Saint-Hilaire, passando pelo povoado, também percebeu e anotou a grande atração que o Santuário exercia sobre o povo, registrando em seu diário:

> A Imagem que ali se venera passa por milagrosa e goza de grande reputação, não só na região como em partes mais longínquas do Brasil. Aqui vem, dizem, gente de Minas Gerais, da Bahia a cumprir promessas feitas a Nossa Senhora Aparecida[25].

Em 1754, aparece pela primeira vez num processo de casamento da cidade de Curitiba, no Paraná, a notícia de romeiros que vinham em romaria para Aparecida. No referido processo, uma testemunha foi declarada ausente porque tinha vindo em romaria até o Santuário de Aparecida[26].

Lucila Hermann, em sua tese de doutorado com o tema "Desenvolvimento da região de Guaratinguetá durante o ciclo do café", afirma que: "A vida religiosa continua intensa na região. A 'Casa dos milagres', em Aparecida, é o grande foco de sua ma-

---

[24] Spix e Martius. Viagem pelo Brasil, 1817-1820. Edição Melhoramentos.
[25] Sain-Hilaire', August de. Segunda Viagem do Rio de Janeiro a Minas e São Paulo, 1822. Cia. Edit. Nacional, 1932.
[26] Arquivo da Cúria Metropolitana de São Paulo, secção Processos de Casamentos.

nifestação"[27]. E o que dizem os teólogos? Eles, a começar pelo Pe. Francisco da Silveira, que verteu para o latim, em 1750, o relatório da missão do povoado de Aparecida, em Salvador da Bahia, e o Padre Dr. João Moraes e Aguiar, pároco de Guaratinguetá, que nos deixou a narrativa do encontro da Imagem e dos primeiros anos do Santuário (1748-1757), atribuíram a influência do Santuário ao poder de intercessão da Mãe de Deus, representada na Imagem venerada no Santuário.

Vem, depois, o Pe. Claro Francisco de Vasconcellos que, em 1838, como secretário da Mesa Administrativa da Capela, analisou o milagre do escravo[28], e o Mons. Miguel Martins, missionário apostólico, que descreveu a devoção do povo, em 1883, afirmando que "os peregrinos procuravam no Santuário a misericordiosa Mãe de Deus, a fim de implorar seu poderoso e divino auxílio"[29].

A análise mais precisa sobre o tema vamos encontrar nas últimas décadas do século XIX, numa carta-relatório do missionário redentorista Pe. Valentim von Riedl, enviada em 1897 para a cidade de Munique, na Baviera, a fim de ser publicada numa revista mariana daquela cidade. Depois de apresentar os dados históricos do achado da Imagem e do início da devoção e do culto, von Riedl, dotado de profunda psicologia, escreveu:

> Nossa Senhora Aparecida domina verdadeiramente, como Senhora, toda a região. Sua influência, porém, não se limita

---

[27] HERMANN, LUCILA. *Evolução da Estrutura Social de Guaratinguetá num período de treze anos*. Revista Administrativa, 1948, p. 135.
[28] Pe. Claro diz que a corrente que se encontrava na igreja já estava enferrujada, sinal que era antiga; por isso concluímos que o fato teria acontecido durante o ciclo da cana (1760), quando eram muitos os escravos que trabalhavam nos engenhos de açúcar.
[29] Coletânea de documentos referentes ao Santuário, p. 67.

à região do Vale do Paraíba, pois seus devotos vêm de todas as partes do Brasil: do Norte, Sul, Leste e Oeste; alguns viajando meses inteiros, não achando longa demais a caminhada para poderem cultuar a Senhora Aparecida, agradecendo e pedindo-lhe graças. No amor à Mãe de Deus, o povo brasileiro está ainda à procura de outro que o iguale. Não é sem razão que Nossa Senhora Aparecida é tão amada e invocada; este amor e esta devoção foram a proteção contra a infidelidade e se tornaram o filão de ouro de sua perseverança na fé católica. Sem esta devoção, o povo teria caído em completa indiferença religiosa[30].

---

[30] COPRESP-A, Vol. II, Carta n. 221, p. 78.

8

Emílio Zaluar: o jornalista e a confirmação da tese da Teologia Mariana

Entre os seres humanos, sorrir é um sinal de complacência, amizade e acolhimento. O jornalista Emílio Zaluar, que visitou o Santuário de Aparecida em junho de 1861, analisou e entendeu duas coisas que observou no Santuário: os lábios entreabertos do rosto da Imagem num sorriso compassivo e acolhedor e a alegria estampada na fisionomia dos peregrinos que lotavam a igreja e a Praça do Santuário. Deixou-se contaminar por essa realidade espontânea de felicidade que os peregrinos manifestavam apesar das longas viagens a pé e a cavalo que exigiam deles não poucos sacrifícios. Zaluar deixou impressa em seu diário de viagem a verdade da Teologia Mariana com estas palavras:

> A protetora Imagem da Senhora Aparecida no seu nicho, coberta com seu manto azul, parece sorrir compassiva a todos os infelizes que a invocam e a quem jamais negou consolação e esperança[31].

---

[31] ZALUAR, Emílio. *Peregrinação pela Província de S. Paulo, 1860.* São Paulo: Liv. Martins, 1952.

Mas quem foi Emílio Zaluar?

Era um jornalista português que residia no Rio de Janeiro. Em Portugal, ele estudara medicina, mas, aqui no Brasil, dedicou-se à imprensa. Nas anotações de seu diário de viagem, analisou as condições sanitárias dos lugares visitados por ele. No povoado de Aparecida, notou, com pesar, que, entre a multidão dos peregrinos, encontravam-se muitos que estavam contaminados pelo mal de Hansen. Eles vinham de diversos lugares e postavam-se no adro e ao redor da igreja, estendendo a mão na esperança de receber uma pequena esmola.

Diante desse espetáculo triste e constrangedor, ele sugeriu às autoridades de Guaratinguetá que empregassem os abundantes recursos do Cofre – era o tempo da grande produção de café no Vale do Paraíba – construindo um hospital para acolher esses doentes. Por que ele não sugeriu essa solução ao bispo de São Paulo? Bem, ele era um jornalista comprometido com a verdade dos fatos e não criticou essa autoridade religiosa, pois sabia que as rendas do Cofre, desde 1805, pertenciam à Fazenda Nacional, conforme declarara o Ministro Provedor de Capelas, Dr. Joaquim Procópio Picão Salgado, após ter feito o inventário de todos os bens da Capela. As rendas do Cofre passaram a ser administradas por uma Mesa leiga, cujos membros eram nomeados pelo Juiz Municipal (cargo semelhante ao de prefeito de hoje) de Guaratinguetá[32]. A nomeação era de cunho marcadamente político, sendo os tesoureiros e os mesários partidários políticos do prefeito. A maioria não tinha competência, ou, para dizer claramente, eram corruptos e desonestos.

---

[32] Coleção de Leis em São Paulo no Departamento do Arquivo do Estado de São Paulo. Lei provincial n. 43, de 30 de março de 1844. Antes dessa lei, desde 1805, o responsável pela administração era chamado "Protetor da Capela" e era nomeado pelo governo central.

A administração dos bens do Santuário só voltou para a Igreja após a extinção do Regime do Padroado com a proclamação da República, em 1890.

9

Um monge beneditino e um novo altar para a Mãe Aparecida

Frei Joaquim do Monte Carmelo construiu a artística e bela igreja – Basílica Velha – que sobranceira domina a colina de Aparecida. Ele construiu as naves e o presbitério entre os anos de 1878 e 1888. Nessa igreja, no espaço de 105 anos, os romeiros encontraram a graça da conversão para Cristo por mãos de Maria, sua Mãe. E Frei Joaquim, seu construtor, foi o primeiro agraciado, como veremos mais adiante.

Mas quem era Frei Joaquim do Monte Carmelo?

Seu nome no século era José dos Santos; nasceu na cidade de São Salvador da Bahia, a 19 de setembro de 1817. Ainda jovem optou pela vida consagrada, ingressando no Mosteiro de São Bento da capital baiana. Lá vivia a vida normal dos monges beneditinos, que passavam o dia no trabalho e parte do dia e da noite no louvor a Deus, cantando o Ofício Divino no coro.

Em razão de seu temperamento irrequieto e agressivo, teve muita dificuldade de convivência na comunidade do Mosteiro. Pelo ano de 1844, com licença do Imperador Dom Pedro II, conseguiu a ausência do Mosteiro, passando a viver como padre secular. Nessa condição, foi nomeado pároco da cidade paulista de Franca. Depois de alguns anos, vamos encontrá-lo na cidade de São Paulo, onde frequentou a Faculdade de Direito e, uma vez formado, foi também professor. Ele já havia estudado Teologia Dogmática na Universidade Gregoriana de Roma.

Em São Paulo, fazia parte do Cabido da Catedral como cônego. Era bom pregador, ficando célebre com suas pregações na cidade de Jundiaí, São Paulo. Chegou, porém, a deslizar em alguns pontos da doutrina da Igreja e a usar expressões impróprias e irreverentes contra as autoridades eclesiásticas. Consta que, numa de suas pregações, teria feito esta comparação desleal contra os bispos: "Antigamente o Espírito Santo descia sobre os bispos em forma de pomba, hoje, parece, desce em forma de morcego".

Suas críticas contra as autoridades eclesiásticas e, sobretudo, sua atitude irreverente para com Dom Lino, durante o canto solene do Ofício Divino na noite de Natal de 1875, foi a gota-d'água para que ele sofresse a censura eclesiástica da suspensão do uso de ordens. Escalado para fazer a leitura do Ofício Divino, negou-se, mesmo Dom Lino pedindo-lhe que a fizesse. Sua resposta, porém, em voz alta foi: "leia V. Exa. se quiser", para escândalo dos fiéis que assistiam ao Ofício Divino na Catedral. Foi, então, suspenso do uso de ordens e, não podendo exercer mais as funções de sacerdote, resolveu mudar-se para a cidade de Guaratinguetá, onde seu conterrâneo, Dr. José de Barros Franco, exercia o cargo de Juiz Municipal.

O Dr. José de Barros Franco assumira o cargo de Juiz Municipal, em 1875. No dizer de Rodrigo Pires do Rio, ele cultuava o direito e a justiça. Uma de suas decisões importantes foi dar um destino honesto às rendas do cofre do Santuário e continuar a construção da nova igreja, iniciada em 1845 e que estava paralisada desde 1864, não por falta de verba, mas sim por causa da desonestidade dos tesoureiros que se apropriavam das rendas do cofre. Na época, a riqueza do café refletia também nas rendas do cofre.

Barros Franco, para realizar seu plano, nomeou um tesoureiro competente e correto na pessoa do Tenente Inácio Loiola Freire Bueno e convidou Monte Carmelo, em 1877, para assumir a construção.

A construção da nova igreja

Em 1878, quando Frei Joaquim iniciou a construção das naves e do presbitério, a belíssima fachada construída de pedras com duas torres já estava pronta desde 1864. As paredes eram de pedras e foram revestidas de reboco; são, portanto, invisíveis, mas as cantoneiras são de pedra lavrada, o que dá uma distinção ímpar para as janelas e portais da fachada.

Um detalhe importante é este: em 1878, Monte Carmelo não destruiu a nave central da primitiva igreja, mas somente as duas naves laterais e, sob a antiga nave central, ele foi levantando a nave do novo templo. A antiga nave, o presbitério e seu altar continuaram servindo de Santuário para a devoção dos peregrinos e para os atos litúrgicos.

Outros detalhes, como a descrição e a crítica do jornal "Correio Paulistano", diário importante da Capital de São Paulo, nas edições do ano de 1883, contra o desmazelo existente no Santuário, são interessantes. Afinal as críticas do jornalista não eram contundentes e totalmente injustas. Ele censurava a desordem na igreja, mas apresentava aos leitores um panorama da devoção do povo, descrevendo inclusive em duas páginas as antigas peregrinações e, com muita propriedade, a Sala dos Milagres. Quando o referido jornal descrevia as romarias e a devoção do povo, tudo ainda era realizado dentro na antiga nave. O altar era o mesmo[33], nele se celebravam as missas, e os gestos devocionais do povo continuavam ricos de piedade diante da Imagem. O jornalista criticou a situação precária do Santuário, mas o que era mais passível de alguma crítica, inclusive nossa, era a falta de zelo dos capelães que os mesários nomeavam. Agiam apenas como funcionários, recebiam o salário e as espórtulas de missas e nada mais: não pregavam a Palavra de Deus, não davam catequese aos peregrinos. Caso mais lastimável ainda era o dos tesoureiros, em sua maioria, corruptos, com pouquíssimas exceções, nomeados por interesse da política partidária do Juiz Municipal da vizinha cidade de Guaratinguetá. Quando lemos o Memorando[34] sobre a administração leiga da época, escrito por Monte Carmelo, sentimos o coração partido diante de tanta falta de respeito na gestão dos dinheiros de Nossa Senhora. Um dos Juízes Municipais nomeou um senhor que lhe devia boa quantia de dinheiro porque, assim, tinha a certeza de que aquele devedor, como afirma Monte Carmelo no Memorando, logo lhe restituiria a quantia que devia.

Em janeiro de 1878, Monte Carmelo fez o projeto da construção das três naves, a central e as duas laterais, permanecendo o presbitério da primitiva igreja, que fora construído de tijolos, e, naturalmente, a fachada que já estava acabada desde 1864.

Monte Carmelo orçou a construção das três naves em 50:000$000 (cinquenta contos de réis). Mas, em 1879, resolveu, por motivo de falta de proporção entre as naves e o presbitério, construir também um novo presbitério, apresentando um orçamento total de 110:000$000, com prazo de três anos para

---

[33] Consta que os altares central e laterais foram vendidos por Monte Carmelo e encontram-se na Igreja de São Gonçalo, no centro da capital de São Paulo.

[34] O manuscrito do Memorando de Monte Carmelo encontra-se no ACM de Aparecida.

a entrega. Infelizmente, outros Juízes e outros tesoureiros substituíram Barros Franco e Freire Bueno, mas não com a mesma honestidade e o mesmo interesse. A corrupção voltou a reinar entre os tesoureiros e os mesários da administração da Capela. Alguns chegaram a negar a entrega da quantia mensal para Monte Carmelo estipulada pelo contrato.

Frei Joaquim por causa da falta de honestidade dos tesoureiros foi forçado a dispor de seus bens pessoais para saldar os compromissos com os fornecedores de material. Os maus tesoureiros tiveram a ousadia de processá-lo, mas, naturalmente, ele recorreu e ganhou a causa. Um pormenor, que me interessou muito, quando estava compondo a História do Santuário, foi que no arrazoado de defesa, apresentado por ele, constavam também as fotos de partes da antiga igreja. Cheguei a ter em mãos a ficha do processo, mas que não foi encontrado nos depósitos de Processos nem da Lapa nem da Praça Bevilácqua e assim ficamos sem as fotos da primitiva igreja. Mas uma coisa boa e justa aconteceu: o tesoureiro que mais fez sofrer Monte Carmelo, o Sr. Bento Barbosa Ortiz, foi depois condenado judicialmente a restituir ao cofre da Capela os 15 contos de réis desviados por ele. As últimas prestações pagas por ele estão anotadas no livro de contas do ano de 1895.

Os desmandos da administração leiga chegaram a tal ponto que a Assembleia Legislativa da Província de São Paulo teve de intervir, nomeando diretamente, em 1885, como tesoureiro, o Sr. Manoel Domiciano da Encarnação. Com o repasse das verbas em dia, Monte Carmelo pôde continuar a construção e concluí-la no início de 1888.

No dia da inauguração, a 24 de junho de 1888, Frei Joaquim do Monte Carmelo, voltando a gozar do uso de ordens com a suspensão da censura que Dom Lino lhe concedera na véspera da inauguração, foi o primeiro a reconciliar-se com Cristo por mãos da Mãe Aparecida, celebrando às 6 horas a primeira missa na igreja construída por ele.

A solene Missa Pontifical da inauguração, com a participação de uma multidão de romeiros, foi celebrada às 10 horas por Dom Lino Deodato Rodrigues de Carvalho, bispo de São Paulo.

Desde a véspera, quando a igreja foi benta e aberta ao público por Dom Lino, os peregrinos puderam passar diante da Imagem da Mãe Aparecida, exposta no nicho do altar de mármore de Carrara, que ele fizera vir da Itália para a nova igreja. Eram os devotos que passavam tocando no nicho, benzendo-se, e as mães levantando seus nenéns para bem junto da Imagem, pedindo a bênção para seus filhos. Todos, enfim, procurando receber o sorriso da acolhida e do amparo da Mãe de Deus, que simbolicamente está estampado no rosto da Imagem da Mãe Aparecida. Imagine o leitor, se puder, a alegre esperança de salvação em Cristo que o povo sentiu e que o monge beneditino Frei Joaquim do Monte Carmelo viveu naquele dia.

Após a inauguração, ele exerceu por um ano a função de capelão do Santuário, retirando-se depois para o Mosteiro beneditino da cidade de Santos, SP. Por fim, retornou ao Mosteiro de São Salvador da Bahia, onde havia feito a profissão religiosa, faleceu e foi sepultado.

Obrigado, frei Joaquim do Monte Carmelo, pela bela igreja que V. Revma. nos deixou. A igreja, que recebeu o título de Basílica Menor, desde 1905, ornada com o sonoro e maravilhoso carrilhão dos sinos importados do Tirol, Itália, tornou-se, a partir de 1934, o templo referência do Santuário de Aparecida. Nossas crônicas dizem que os peregrinos que cavalgavam pelas estradas, ainda distantes do Santuário, assim que avistavam a igreja no alto da colina, apeavam-se de suas montarias e, benzendo-se, faziam suas primeiras preces. Encantados ficavam com o som dos sinos que os recebiam festivamente na Praça do Santuário.

A igreja – a Basílica Velha – tornou-se o símbolo da devoção à Mãe Aparecida. Seus sinos, suas torres falam, ainda hoje, ao coração e à alma dos romeiros.

"Sinos que comovem,
torres que apontam para o infinito.
Templo de Deus e Casa de Maria,
onde o romeiro encontra
socorro, graça e valia."

10

No "Altar das promessas", os sinais da intercessão da Mãe Aparecida

No Santuário de Aparecida, como em tantos outros Santuários, existem quatro altares diante dos quais os peregrinos praticam sua devoção. O altar da Imagem, onde os romeiros manifestam sua veneração à Mãe Aparecida; o altar da Eucaristia, onde se parte o pão da Palavra e do Corpo do Senhor; o altar do Sacramento da Penitência e Reconciliação, onde os romeiros, contritos, participam daquelas palavras de Cristo "teus pecados estão perdoados, vai em paz". E, finalmente, o "Altar das Promessas", onde os peregrinos depositam com fé e humildade os gestos de sua gratidão, os ex-votos, como sinal e testemunho das graças alcançadas.

O primeiro altar é o da Imagem sagrada da Mãe Aparecida, no qual, confiantes, os devotos depositam suas angústias e alegrias assim que chegam a Aparecida. Diante dele, tocam-no e se benzem, exatamente como fez, reverente e devotamente, o Papa Francisco diante da Imagem em sua visita ao Santuário no mês de julho do ano de 2013. Em seguida, buscam o altar da Penitência e da Reconciliação, onde, contritos, recebem o perdão de seus pecados. E a paz invade suas almas com o "vai em paz, os teus pecados estão perdoados", que Cristo dirigiu à pecadora Madalena. De todos os altares, porém, o mais importante é o da Eucaristia, onde se realiza o sacramento que torna presente o mistério da Morte e Ressurreição de Cristo e se parte o pão da Palavra de Deus e do Corpo do Senhor. Como é importante para os peregrinos essa oportunidade de ouvir a Palavra de Deus, especialmente para os que residem na periferia das grandes cidades que não têm como ouvi-la, meditá-la e aprofundá--la. Como afirmava anos atrás um pastoralista em artigo de uma revista: "O Santuário de Aparecida é a paróquia de grande número de romeiros da Grande São Paulo (e de outras metrópoles também), onde podem ouvir a Palavra de Deus e obter o perdão de seus pecados pela confissão, o que é quase impossível fazê-lo onde residem".

Após constatar que o altar da Eucaristia é sempre o mais assediado, sobretudo nos fins de semana, ao redor do qual se concentram cerca de 20 a 30 mil pessoas nos principais horários de missa, vamos destacar os pormenores do altar das promessas.

Um altar de gratidão

Podemos chamar a Capela das Promessas de "Altar da Gratidão", pois é com o coração agradecido que o peregrino chega até ele para depositar seu ex-voto, sinal de seu agradecimento a Deus, por intercessão de N. Senhora Aparecida.

Todos os Santuários, mesmo os mais inexpressivos, têm sua "Sala dos Milagres" ou das "Promessas". Capelas, ermidas e até as "capelas de beira de estrada"[35] são outros tantos altares

---

[35] Hoje é frequente encontrar, nestas capelinhas de beira de estrada, imagens de santos, cujos proprietários aderiram a alguma igreja evangélica e ali as colocaram, como último ges-

onde as pessoas depositam com gestos bem humanos e leais o reconhecimento por uma graça alcançada.

A denominação "Sala dos Milagres" não é nem pretende ser um termo de significado rigorosamente teológico. Ele reflete apenas o modo de se expressar do nosso povo quando se refere à sala ou ao recinto, onde se conservam os assim chamados "ex-votos, promessas ou milagres". Nem tudo significa necessariamente ou é um milagre no sentido teológico, mas, entre as graças obtidas, há também milagres verdadeiros: fatos que não se podem explicar pela ciência ou pela força humana.

Os objetos, ex-votos, lembram o momento e a graça alcançada pela intercessão da Mãe de Deus. Todos são expressão de alguma graça tanto na ordem temporal como espiritual. Para as pessoas simples do povo, de fé e de cultura rudimentar especialmente, tudo é objeto de fé e dão ao fato ou ao acontecimento o nome de "milagre", mesmo em se tratando de fenômenos naturais que acontecem pela força da natureza e são uma dádiva constante da bondade de Deus em favor de seu povo. Não é necessário que correspondam à intervenção direta de Deus, como acontece em todo milagre no sentido estritamente teológico. "Milagre" para o povo, de modo geral, são todos os dons e as graças concedidas por Deus aos fiéis pela intercessão dos santos e, especialmente, pela intercessão da Virgem Maria. Esse conceito de milagre, porém, que é um dom e uma graça de Deus, não exclui o milagre propriamente dito.

Vamos apresentar apenas dois exemplos de ex-votos: o revólver de estimação que o proprietário guardava consigo enquanto

---

to de sua devoção como católicos, em lugar de quebrá-las como exigem os pastores das igrejas às quais se convertem.

não tinha coragem e a graça de perdoar seu desafeto, mas o trouxe e o colocou ali após sua conversão e sua renúncia ou arrependimento de cometer um crime premeditado. Ou, então, a garrafa de aguardente, que o alcoólatra também depositou ali, após obter a graça da sobriedade.

E mencionamos os ex-votos mais comuns: milhares de fotos[36] das pessoas agraciadas pela intercessão da Mãe Aparecida nas mais diversas situações ou necessidades do ser humano. Hoje, essas fotos cobrem o teto e as paredes da Capela das Promessas e chegariam aos milhões se não fossem, de tempo em tempo, substituídas por outras mais recentes.

Os diversos locais da "Sala dos Milagres"

De início, eram bem poucos os ex-votos, tornando-se depois numerosos e diversificados. Inaugurada a primeira igreja, em 1745, os ex-votos que estavam depositados no Oratório de Itaguaçu foram transferidos para a Sala dos milagres ou "Quarto dos milagres", no dizer de primitivo documento, situado à direita do presbitério de quem olhava para o altar. O número dos ex-votos cresceu tanto que, em 1810, estendiam-se até nos cubículos das naves laterais da primeira igreja, conforme consta dos documentos. Em 1861, pelo testemunho do jornalista Emílio Zaluar, sabemos que eles invadiram a nave central também e o coro da igreja. Zaluar mencionou de modo especial a corrente escravo, que estava dependurada na entrada da igreja, debaixo do coro. Escravo este que obteve a liberdade mediante seu pedido à Mãe Aparecida.

---

[36] Em 1869, dois fotógrafos franceses, Luiz Robin e Valentim Favreau, mudaram-se para Aparecida, vindos de Taubaté, SP, e iniciaram a era das fotografias que, como ex-votos, são depositadas na Sala dos Milagres.

11

A Missão popular de 1901: a força atemporal da Mensagem da Mãe Aparecida

Esta missão no Distrito de Aparecida foi pregada entre os dias 28 de junho e 10 de julho de 1901, por dois missionários redentoristas holandeses, PP. Francisco Lohmeier e Mathias Tulkens, vindos de Juiz de Fora, MG. Em conjunto com a missão, vamos apontar o resultado excelente da renovação da missão, acontecida no mês de fevereiro de 1902. Os relatórios de ambas foram escritos em alemão e constam do livro de crônicas da comunidade redentorista de Aparecida. Quando os missionários redentoristas alemães assumiram a direção do Santuário, em 1895, os habitantes, influenciados por um cônego português, Antônio Marques Henriques, não lhes eram favoráveis. Este, emigrado de Angola para Aparecida em 1888, em razão de sua vida irregular e de sua oposição ao bispo de São Paulo, não gozava do uso de ordens. Era contra os missionários estrangeiros que, no seu entender, lhe roubavam o direito de ser Capelão do Santuário. De modo geral, havia um preconceito contra os missionários estrangeiros, movido especialmente pela imprensa, influenciada pela maçonaria, que, por todos os meios e modos, procurava denegrir os sacerdotes e a própria Igreja. Daí a referência que o cronista da comunidade de Aparecida, Pe. Lourenço Gahr, fez à boa acolhida aos missionários.

Fica evidente também a força da Mensagem da Mãe Aparecida nos bons frutos desta missão: "O que atraiu e edificou o povo, escreveu o cronista, foram as procissões, nas quais as crianças iam à frente, duas a duas; os meninos com a imagem de Jesus de Nazaré e as meninas com o Menino Jesus de Praga. Bela e imponente foi a procissão do encerramento, no dia 10 de julho, quando foi levada a Imagem Milagrosa e havia tanta gente como em nenhuma outra festa. Os resultados da missão foram evidentes: o povo ficou-nos muito mais favorável, começou a frequentar mais as missas e os sacramentos. Pessoas que nunca se confessaram antes procuraram o confessionário".

E, no relatório da renovação da missão, o cronista reafirmou ter a renovação da missão quebrado o preconceito do povo contra os missionários redentoristas alemães. "Um espetáculo nunca visto foi a despedida dos dois missionários holandeses. Tão grande era o número de pessoas que os acompanhavam até a Estação da Central e tão grande a comoção do povo". Em outra passagem, o cronista escreveu: "Até os turcos[37] mostraram boa vontade e acompanharam os atos da missão".

Não precisamos reafirmar que foi a força da Mensagem da Mãe Aparecida que, à semelhança da missão de 1748, levou o povo para mais junto de Cristo e de sua Igreja.

---

[37] Na época, já era grande o número de imigrantes sírios libaneses que se ocupavam com o comércio: lojas, onde se vendia de tudo. De modo geral, eram chamados de "turcos" pelo povo.

12

A Mensagem da Mãe Aparecida
e o sucesso apostólico dos
"Missionários da Capela"

Os missionários redentoristas bávaros foram muito dedicados e compreensivos com os devotos da N. Senhora Aparecida. Conforme consta das Crônicas da Comunidade redentorista do Santuário, eles não criticavam sua religiosidade por causa da devoção singela do nosso povo, nem mesmo quando algum gesto ou postura tinha mais a ver com a superstição do que com a verdadeira piedade cristã. O primeiro cronista da comunidade, Pe. Lourenço Gahr, dizia: "Os devotos manifestam gestos profundos de devoção, pena que para muitos falte a interiorização da fé em Cristo e na sua Igreja. Com catequese e pregações levaremos estes devotos a uma vida cristã mais consciente". Para conseguir isso, eles tinham a seu favor o fato de serem chamados pelo povo "Missionários da Capela ou Missionários de N. Senhora Aparecida", o que não deixava de ser um carisma que atraía o povo para suas missões. Os redentoristas alemães do Santuário, mesmo antes de dominarem a língua portuguesa, iniciaram a pregação das santas missões no ano de 1897, na cidade de Areias, SP.

Em 1898, iniciou-se um giro de missões nas paróquias de Bairro Alto, Natividade da Serra, São Sebastião, Ilha Bela, São Francisco, Caraguatatuba e Ubatuba, cidades situadas no Vale do Paraíba e no Litoral Norte.

A crônica anotou:

> A primeiro de setembro do ano de 1898, os padres Siebler e Hubbauer saíram para pregar, por dois meses, missões nas cidades à beira mar de São Sebastião, Vila Bela (Ilha Bela), São Francisco, Caraguatatuba e Ubatuba, cada cidade com 6 a 12 mil habitantes. Maior seria o resultado se os missionários fossem em maior número. Só havia dois padres em toda a extensão das cinco paróquias e estes eram italianos com mais de 60 anos, falando mal a língua, meio esclerosados e surdos. Explica-se, assim, a ignorância destas populações de mais de 40 mil habitantes. "Compreende-se também a dor dos bons... Na despedida dos missionários, os adultos choravam... O prefeito de Vila Bela exclamava no seu discurso de despedida: 'Tivéssemos padres assim e não estaríamos tão mal. Adeus! Nossa Senhora Aparecida conduza-os e traga-os de volta'".

Notamos nessas crônicas a compreensão dos missionários diante de um povo abandonado e o poder de intercessão da Mãe de Deus, que traduzimos nesta mensagem: **A jubilosa esperança de salvação depositada em Cristo por mãos da Mãe Aparecida.**

Deixemos de lado os relatórios das missões de Natividade, Bairro Alto, Areias, Silveira, São Luiz de Paraitinga, Lagoinha e outras do Vale do Paraíba. Constatamos, porém, sempre a mesma realidade: um povo atraído pela mensagem do carisma, que o Santuário da Mãe Aparecida emprestava aos zelosos missionários alemães.

13

Queluz-SP, 1902:
a Imagem vai à comunidade dos devotos

No início de novembro de 1902, os missionários, padres Lourenço Hubbauer e Eugênio Dambacher, arrumaram suas malas com mudas de roupa e objetos pessoais. Num bonito estojo colocaram uma Imagem de Nossa Senhora Aparecida (fac-símile). Era a primeira vez que eles a levavam consigo. Foi para a missão na cidade de Queluz, SP, situada na linha férrea da Central do Brasil. Dessa vez dispensaram suas montarias e, comodamente instalados num vagão de segunda classe do "Expressinho", rezaram e refletiram sobre a missão que iriam pregar; missão que ficaria registrada na História das Missões Redentoristas de São Paulo.

Até a data dessa missão, nossos missionários utilizaram-se de imagens de N. Senhora da paróquia onde pregavam. Dessa vez, inspirados por Ela, a Mãe do Redentor, levaram sua Imagem que deu grande impulso àquela missão.

Deixo novamente para o cronista da comunidade redentorista do Santuário, Pe. Lourenço Gahr, o relato dessa missão escrito em alemão, mas vertido para o português. Até nas expressões usadas por ele você vai perceber que o autor é alemão, quando diz, por exemplo, "que a missão foi como se a graça de Deus caísse como um raio sobre os corações..." Aprecie, a seguir, o sabor do relato da missão:

> A 8 de novembro de 1902, iniciou-se a missão em Queluz, pequena cidade da Estrada de Ferro da Central do Brasil, com cerca de 7 mil habitantes. Sentiu-se, de novo, nesta missão, o poder da divina graça. Lá ninguém se lembrava de uma missão[38] que tivesse havido. Desta vez foi como se a graça caísse como um raio sobre os corações, obrigando-os a ouvir a Palavra de Deus e a receber os sacramentos. Apesar da muita chuva, os missionários Hubbauer e Dambachder, auxiliados em alguns dias pelos padres Gebardo Wigermann e Roberto Hansmair, ocupavam-se no confessionário desde a manhã até altas horas da noite. O que atraiu de modo extraordinário o povo foi a Imagem de N. Senhora Aparecida, que levamos conosco e que a expusemos à veneração do povo. Diante dela, os fiéis rezavam sem cessar e montavam guarda continuamente diante do altar. As comunhões subiram para 2.900; muitas foram as crismas. Oitenta casais legitimaram sua união pelo sacramento do matrimônio[39]. Enfim, um belo consolo para o bondoso vigário Pe. Luiz Cortês.

Com precisão, o cronista explicita a Mensagem da Mãe Aparecida no relatório da renovação dessa missão, acontecida em outubro de 1903.

---

[38] Documento 2300/SP, n. 59, p. 32.
[39] Esta situação de união irregular de casais foi causada pela introdução do casamento civil em 1890. Antes só havia o casamento religioso e demorou até que nosso povo se conscientizasse de que o sacramento do matrimônio deveria santificar a união do casal, enquanto que o casamento civil seria necessário apenas para salvaguardar os direitos civis do casal.

A Imagem de Nossa Senhora Aparecida, que levamos conosco, parece exercer uma atração especial sobre povo, pois muito e piedosamente se rezava diante d'Ela[40].

Lá aconteceu também uma cura extraordinária pela intercessão de N. Senhora Aparecida, registrada pela primeira vez em livro oficial.

Um menino aleijado, de 10 a 11 anos, foi a Queluz durante a renovação da missão para pedir esmolas. Um dos missionários com a esmola deu-lhe o conselho de fazer a novena a N. Senhora Aparecida. O pequeno seguiu o conselho e, após alguns dias, estava andando normalmente. Veio até Aparecida, depois, para cumprir sua promessa e agradecer o milagre da cura.

Depois dessa missão, os missionários redentoristas introduziram o costume de levar para suas missões a Imagem de N. Senhora Aparecida. Era costume fazer a recepção solene da Imagem, já com a missão em andamento. Os missionários mais antigos afirmam que, se até aquele dia da recepção da Imagem, a missão caminhava sem entusiasmo e sem muita participação do povo, o panorama modificava-se em seguida: o entusiasmo tomava conta da população e a participação tornava-se grande. E podemos afirmar que até hoje nossas missões têm grande sucesso em razão do carisma deixado por Santo Afonso e da Mensagem da Mãe Aparecida.

---

[40] Daí o costume em nossas missões de montar o assim chamado "altar da graça" com a imagem de N. Senhora Aparecida.

14

Santuário de Aparecida, centro de fé

Trataremos neste capítulo da transformação realizada no Santuário com a nova evangelização que os missionários alemães imprimiram na pastoral ali praticada. Não é necessário analisar a influência do Santuário nos tempos de hoje, porque o leitor mesmo tem uma noção clara do que aconteceu em Aparecida, por exemplo, por ocasião da visita do Papa Francisco, no dia 24 de julho, e durante a novena e a festa da Padroeira do ano de 2013 e que se repete todos os anos. Seria inútil se quisesse demonstrar a procura e o entusiasmo dos devotos da Mãe Aparecida que se notam no Santuário na maior parte dos fins de semana do ano.

Baseados em estatísticas da Estação local da Estrada de Ferro Central do Brasil do ano de 1900, Pe. José Wendl calculava que o número de peregrinos que vinham a Aparecida anualmente atingia a cifra de 150.000. Hoje oscilam entre 6 a 10 milhões.

Com a liberdade de ação que a Igreja não possuía no tempo do Império, os bispos brasileiros resolveram, em Assembleia-Geral, realizada em São Paulo no ano de 1890, utilizar os Santuários de devoção popular para renovar a vida cristã de nosso povo. Devido à carência de evangelizadores zelosos e, por conseguinte, da própria evangelização, nosso povo ficou relegado a uma situação de ignorância religiosa alarmante. Mesmo sem uma evangelização atuante, a religiosidade popular, vivida especialmente nos Santuários, guardou nosso povo da total descrença e do abandono da Igreja Católica, como reconhecia um dos primeiros redentoristas do Santuário, no ano de 1897, em artigo enviado para uma revista mariana de Munique, capital da Baviera. Esta era também a convicção dos bispos: Dom Joaquim Arcoverde de Albuquerque Cavalcanti e Dom Eduardo Duarte da Silva, que chamaram os missionários redentoristas para dirigirem os dois Santuários de maior influência religiosa no Brasil: o Santuário de Nossa Senhora Aparecida, em São Paulo, e o do Divino Pai Eterno, em Goiás.

Os missionários convocados para o Brasil, em 1894, eram os redentoristas alemães da Baviera que já haviam trabalhado no Santuário de Nossa Senhora de Altötting, o mais conhecido e popular da Alemanha. Naquele Santuário, a Mensagem da Mãe de Deus atraía o povo para junto de seu Santuário. Por isso, o líder católico da Baviera, Dr. Joseph Görres, afirmava, em 1843, que os missionários, atuantes no Santuário de Altötting, tinham nas mãos o povo bávaro, tal era a influência exercida por aquele Santuário sobre o povo católico da Baviera.

Desde sua chegada aqui, os missionários redentoristas bávaros perceberam a influência que a Mãe Aparecida exercia sobre nosso povo. E como traziam a experiência do Santuário de Altötting, eles queriam também ter nas mãos seus devotos. Por isso, sem demora, puseram-se a trabalhar em seu favor sabendo desculpar sua ignorância religiosa, procurando interiorizar sua fé mediante a catequese e a pregação da Palavra de Deus. Com perseverança e zelo apostólico, os missionários redentoristas alemães transformaram o Santuário de Aparecida num centro de vida religiosa. Não resta dúvida de que Aparecida se tornou referência para o Catolicismo no Brasil. Hoje, com a ajuda dos meios de comunicação, tem crescido nos devotos o sentido da fé cristã e a necessidade que sentem de manifestá-la em comunidade. Tem aumentado muito o compromisso dos devotos da Mãe Aparecida, procurando seguir o exemplo de fé da Mãe de Deus. Os devotos estão cada vez mais conscientes de que para agradar a Mãe e seguir seu exemplo de fé devem ser "discípulos e missionários" de seu Filho Jesus Cristo.

15

As Romarias e a passagem do século – 1900

O ano de 1900 foi importantíssimo para o Santuário de Aparecida tanto pela celebração do Jubileu do Ano Santo da Redenção como pelo início das romarias programadas e organizadas pelos bispos e párocos. Os missionários redentoristas alemães perceberam que as romarias para Aparecida eram a expressão mais forte da religiosidade do povo brasileiro; entretanto, desde que assumiram a direção do Santuário, em 1894, desejavam que as romarias fossem organizadas e programadas pelas dioceses e paróquias, a fim de se obterem maiores frutos para a vida cristã. Eles já tinham a experiência dos bons resultados destas romarias, quando estavam à frente do Santuário Mariano de Altötting, na Baviera, entre 1841 e 1873, onde as romarias eram organizadas pelas dioceses e paróquias, sendo sempre acompanhadas por um diretor espiritual.

A celebração do Jubileu do Ano Santo da Redenção de 1900 deu ocasião para isso. Aquele Ano Santo fora proclamado pelo Papa Leão XIII a ser celebrado em Roma durante o ano de 1900.

O Episcopado Brasileiro propôs na Carta Pastoral, de 6 de janeiro de 1900, que os bispos e párocos organizassem romarias para os principais Santuários do país que "seriam, quando realizadas com espírito de penitência, de real proveito para os fiéis". E, para promovê-las, declaravam:

> São de singular efeito como homenagem a Jesus Cristo as romarias, quando executadas com verdadeiro espírito de fé. Desejamos que o clero as promova e as dirija para os principais Santuários e que se incorporem a elas os que não puderem ir a Roma e a outros Santuários do mundo católico, escolhidos como locais de peregrinação para esta homenagem a Jesus Cristo.

Os bispos de São Paulo e do Rio de Janeiro determinaram que as romarias do Ano Santo fossem organizadas para o Santuário de Aparecida.

Romaria de São Paulo

A romaria de São Paulo, a primeira a chegar, veio chefiada por Dom Cândido Alvarenga, em 8 de setembro de 1900, com cerca de 1.500 peregrinos em dois trens especiais da Central do Brasil. Organizaram também seus comboios os peregrinos de Jundiaí e de Bragança Paulista, da Diocese de Pouso Alegre e também das cidades servidas pela Rede Sul Mineira de Viação, Santos a Jundiaí, Sorocabana e Rede Mogiana de Estrada de Ferro. Os peregrinos vinham para Aparecida com o mesmo intuito de celebrar o Ano Santo da Redenção[41].

Os peregrinos de São Paulo, como se fazia com as romarias de outras cidades, foram solenemente recebidos na Estação local e con-

---

[41] Pastoral Coletiva do Episcopado Brasileiro de 1900, n. 21.

duzidos em procissão por um dos nossos missionários, com cânticos e preces até o Santuário. Os estandartes das associações religiosas tremulavam ao vento e os cânticos enchiam o ambiente de alegria e piedade. O ponto alto da romaria era a celebração da eucaristia e a comunhão dos fiéis, mas também dos padres e religiosos presentes. À tarde, houve uma procissão na Praça com o Santíssimo, e, no final do dia, os peregrinos foram novamente conduzidos à Estação local em piedosa procissão por um missionário.

No mês de outubro, foi a vez da cidade de Lorena-SP, à qual se juntou a peregrinação de Piquete-SP, num total de 800 romeiros. No dia 3 de novembro, vieram cerca de 1.500 romeiros de Taubaté, em trem especial. Ainda no mesmo mês, cerca de 500 peregrinos vieram da vizinha cidade de Guaratinguetá a pé até o Santuário. Pela primeira vez na história do Santuário, foi celebrada uma missa campal na frente da Basílica, uma vez que seria impossível acolher todos os peregrinos dentro da igreja.

Romaria do Rio de janeiro

Notável foi a romaria da cidade do Rio de Janeiro, não tanto pelo número, mas pelas pessoas de elite do clero e do laicato católico, que vieram em 12 carros da Central do Brasil, chefiados pelo próprio Sr. Arcebispo, Dom Joaquim de Albuquerque Cavalcanti, chegando aqui às 7 horas da manhã do dia 16 de dezembro. Dom Cândido Alvarenga foi recebê-la, na estação de Queluz, limite entre a Arquidiocese do Rio e a Diocese de São Paulo, Dom Joaquim Arcoverde celebrou a missa e fez belo sermão apontando a missão do Santuário na vida da Igreja no Brasil.

No dia seguinte, a 17 de dezembro, ambos seguiram em peregrinação até o Santuário do Bom Jesus de Tremembé, SP.

Padre Lourenço Gahr, cronista da comunidade, *fez este registro das romarias daquele ano:*

> Deus nos consolou muitas vezes[42] no decorrer deste ano. Como a humanidade inteira agradeceu ao Divino Redentor com cânticos e orações o término do século dezenove e, com bons presságios, o início do século vinte; assim também nesta diocese, tantos sacerdotes manifestaram e comprovaram seu amor para com o Divino Redentor. Por isso, aconteceram coisas inauditas nestas regiões, grupos de peregrinos vieram das grandes cidades para o Santuário de Nossa Senhora Aparecida, acompanhados por bispos e sacerdotes.

A grande romaria de São Paulo, sempre com dois trens, retornaria ao Santuário para a festa da Coroação, no dia 8 de setembro de 1904, e continuaria, depois, todos os anos até 1950, quando cessou por diversas razões.

O dia 8 de setembro, festa do Patrocínio de Maria, foi sempre o dia das grandes romarias. Podemos afirmar que foi também o dia da solene Festa da Padroeira. Este teria sido o dia mais indicado para se fazer a festa anual da Padroeira, festa que já era tradicional desde a solenidade da Coroação, a 8 de setembro de 1904. Entretanto, em 1954, a Assembleia dos Bispos, reunida no Rio de Janeiro, escolheu o dia 7 de setembro para a festa de Nossa Senhora Aparecida. Essa data, porém, não deu certo em razão da celebração do Dia da Pátria. Por isto, posteriormente, a festa foi fixada para o dia 12 de outubro por S. Ema. o Cardeal de São Paulo, Dom Carlos Carmelo de Vasconcelos Motta, data da des-

---

[42] Foi realmente um consolo para os missionários depois do que sofreram com as calúnias e ataques do Cônego Marques Henriques, que já citamos.

coberta da América e também por ser uma data provavelmente próxima do encontro da Imagem, em outubro de 1717.

Quando ainda não era feriado, o domingo seguinte foi sempre o dia mais concorrido pelo povo das cidades, sobretudo de São Paulo. Após a decretação do dia 12 de outubro, como feriado nacional, a celebração do "Dia da Criança" ganhou mais "interesse comercial" para a mídia, que relega hoje às favas a festa da Padroeira. Desde então, a festa comercial do Dia das crianças ofusca a festa religiosa da Mãe Aparecida.

Há outro inconveniente: depois que o dia foi declarado feriado nacional, os evangélicos fazem do dia 12 de outubro um "dia de protesto" contra a "idolatria" de nosso povo, dizem eles. Inconformados com o feriado, eles chegam a vir até Aparecida em grupos para protestar contra o feriado religioso até dentro dos limites do Santuário, o que, aliás, é uma violação da liberdade religiosa, direito que é de todas as denominações religiosas neste país.

Mas tenho, porém, uma experiência pessoal positiva sobre o assunto; numa das festas, dentro do Santuário, cumprimentei um senhor e perguntei de onde ele vinha. Ele, muito educadamente, respondeu-me: "Vim de São Paulo, sou pastor evangélico, mas vim para sentir o sentimento do povo". Diante dessa atitude respeitosa, só tive que lhe dar as boas-vindas e acolhê-lo bem.

16

Festa da Coroação da Imagem, em 1904

Após 10 anos de trabalho no Santuário (1894-1904), os missionários redentoristas alemães estavam satisfeitos com os resultados obtidos na pastoral dos peregrinos. Podiam, então, preparar os romeiros para a maior festa que ia acontecer na história religiosa de nossa pátria até então: a Coroação da Imagem, a 8 de setembro de 1904. Pela primeira vez na história da Igreja no Brasil, reunia-se uma multidão de 15 mil pessoas, de 14 bispos e de centenas de sacerdotes[43], num pequeno povoado como Aparecida.

A coroação tinha sido proposta por Dom Joaquim Arcoverde, arcebispo do Rio de Janeiro, na reunião dos Bispos, em 1901. Formaram-se duas comissões especiais de preparação: em São Paulo e no Rio de Janeiro. Em Aparecida, ocuparam-se da preparação os Missionários Redentoristas. Seu superior, Pe. Gebar-

---

[43] Durante o regime do Padroado, os bispos e párocos não podiam deixar suas dioceses ou paróquias sem licença do Imperador. Não havia reuniões do Episcopado para planejar a Pastoral; esta falta de liberdade era o custo que a Igreja devia pagar em troca da minguada ajuda financeira que o Império lhe concedia.

do Wiggermann, incumbiu-se, a pedido de Dom Joaquim Arcoverde, de arranjar os documentos necessários e enviá-los ao nosso Procurador-Geral junto da Santa Sé em Roma, Pe. Pedro Oomen, que os entregou ao Cabido da Basílica de São Pedro. A concessão, assinada pelo Papa, chegou a Aparecida no dia 4 de fevereiro de 1904, endereçada ao Padre Gebardo, reitor do Santuário.

Finalmente, no dia 8 de setembro, aconteceu a festa da Coroação. Na véspera, dia 7, à tarde, os Bispos, revestidos com suas insígnias alternando com o coro do Santuário, cantaram o *Te Deum* de ação de graças pela independência do Brasil.

No dia 8, desde as 3 horas da madrugada, sucederam, no altar-mor e nos altares laterais, as missas celebradas pelos bispos e sacerdotes. Os romeiros, às centenas e milhares, participaram delas; suas preces e cânticos contagiavam a multidão que crescia a cada instante.

Finalmente, às 9 horas, aconteceu na Praça do Santuário a Missa Pontifical da Coroação, presidida pelo Núncio Apostólico, Dom Júlio Tonti. A coroa de ouro cravejada de diamantes, utilizada no ato, foi a mesma doada a Nossa Senhora Aparecida, como ex-voto, pela Princesa Isabel, em 1888. Na procissão de entrada dos bispos e sacerdotes, precedeu-os o Pe. Gebardo Wiggermann levando a coroa numa rica almofada.

Após a leitura do evangelho e a pregação de Dom Joaquim Arcoverde[44], foi lido por Dom José de Camargo Barros, bispo de São Paulo, o documento que permitia a coroação da Imagem. Um silêncio profundo envolveu a multidão, quando Dom José

---

[44] Foi um belíssimo sermão em latim clássico – fato que só podemos entender no contexto da época. Alguns dizem que foi um ensaio para evidenciar sua capacidade intelectual para ser escolhido Cardeal, o que aconteceu realmente depois.

subiu, passo a passo, os degraus do trono, coroando em seguida a Imagem de Nossa Senhora Aparecida. Só então o povo quebrou o silêncio e prorrompeu em vivas e palmas à sua Senhora e Rainha.

Em seguida, houve a inauguração do Monumento da Imaculada na Praça do Santuário. Para a tarde daquele dia foi programada grandiosa procissão com a Imagem coroada, na qual tomaram parte o Sr. Núncio Apostólico e todos os bispos, revestidos de sobrepeliz com a mitra e portando cada um seu báculo. "Isto aconteceu pela primeira vez na história da Igreja no Brasil", escreveu Padre Gebardo ao Pe. Pedro Oomen, redentorista de Roma, que havia providenciado o decreto do Cabido da Basílica de São Pedro permitindo a coroação.

A festa teve repercussão tanto entre o povo como entre as mais altas camadas da sociedade, influenciando beneficamente até alguns membros do governo republicano. Foi grande a satisfação do povo que viu a querida e venerada Imagem de sua Padroeira solenemente coroada.

17

A imagem, o livro de sua história e a mensagem da Mãe Aparecida

Esta história que traz o título "História de Nossa Senhora Aparecida, a Imagem, o Santuário e as Romarias"[45], fruto da pesquisa e da convivência pastoral do autor com os devotos da Mãe Aparecida por mais de 20 anos de trabalho pastoral no Santuário, tem como filão de ouro de seu desenvolvimento a Mensagem da Mãe Aparecida. No início da citada obra, a Mensagem é apresentada como um apelo de esperança e de salvação para os devotos com estas palavras: "A Jubilosa esperança de salvação que o povo busca no Santuário em Jesus Cristo pela intercessão de Maria, sua Mãe". Essa é a razão da grande confiança dos devotos na Mãe Aparecida.

Percebemos essa esperança de certo modo estampada no rosto da multidão dos peregrinos presentes no Santuário: sua

---

[45] Brustoloni, Júlio. *História de N. Senhora Aparecida: a Imagem, o Santuário, as Romarias*. Aparecida: Editora Santuário, 1ª edição de 1979; atualmente, em 2013, está na 15ª edição com mais de 15 mil exemplares publicados.

alegria, sua satisfação, mas, sobretudo, sua fé e esperança de salvação em Jesus Cristo, conduzidos pelas mãos carinhosas da Mãe Aparecida.

A História constata o fenômeno da devoção popular a Nossa Senhora sob o título da Imaculada Conceição, cujo fundamento bíblico está no Livro do Gênesis da Bíblia Sagrada. Deus deu ao primeiro casal, após o pecado, a esperança de salvação, quando o autor sagrado profetiza que uma mulher esmagaria a cabeça da serpente. Por pequenos que sejam os oratórios domésticos ou públicos, simples ou artísticas as igrejas e ricas ou menos ricas as catedrais dedicadas à Imaculada Conceição, essa invocação é no Brasil a mais comum entre as devoções populares de Nossa Senhora. Com o encontro da Imagem da Imaculada Conceição de Maria, em 1717, no Porto de Itaguaçu, a devoção sob este novo título de Aparecida ganhou força, envolvendo todo o povo brasileiro. E a razão desse fato, conforme destacou o Papa Francisco, na sua homília proferida em Aparecida, em julho de 2013, é porque esse título representa uma imagem de vida e não de morte: "A Mulher que vai dar à luz e foi salva da boca do dragão infernal – o diabo – pelo poder de Deus".

Nosso povo gosta de Maria de Nazaré e, aqui no Brasil, desde 1717, dá-lhe o nome carinhoso de "Mãe Aparecida", porque Ela é a Mãe de Deus e Ele no-la deu como nossa mãe. Entre os muitos títulos da devoção do povo, o de Aparecida é o mais querido e invocado. Certamente isso não aconteceu por mero acaso, mas porque a Mãe de Deus quis ser representada numa pequena, machucada e enegrecida Imagem da Imaculada Conceição. Aquela "mulher" foi apresentada, após o pecado original, como a esperança e socorro do povo de Deus, porque seu Divino Filho venceria a morte, trazendo novamente a vida para toda a humanidade.

Essa realidade está representada na pesca infrutífera antes e, após a pesca da Imagem, na pesca muito abundante de peixes. Desde então, nosso povo entendeu e começou a viver essa Mensagem. Foi com Maria, imitando seu exemplo de fé, que nosso povo aprendeu a ter fé e amar a Cristo, nosso Salvador. Foi com ela que aprendeu a venerar, amar e invocá-la cheio de confiança. Ela foi a primeira discípula a seguir o "caminho" de Jesus Cristo. Com Maria de Nazaré ao nosso lado, fica bem mais fácil chegarmos até Jesus e sustentarmos aquela esperança de salvação e libertação que nos anima na vida cristã.

O piedoso Cardeal Dom Aloísio Lorscheider, grande admirador e benfeitor deste Santuário, costumava dizer em suas pregações: "Quem encontra Maria encontra também seu Divino Filho Jesus".

18

Aí vem o Jubileu dos 300 anos

Durante os jubileus celebrados até agora no Santuário, foram enormes os benefícios espirituais, as graças de salvação recebidos pelo povo em razão da Mensagem da Mãe Aparecida. Sempre o poder de intercessão da Mãe de Deus se manifesta em favor de seus devotos e os leva a viver a fé em Jesus Cristo!

Ano jubilar para a Igreja é sempre um ano de graça e de bênção para o povo de Deus. Assim o Jubileu da Redenção, celebrado a cada passagem de século e também nos 25 e nos 50 anos, é um momento especial de graça e de salvação para o cristão.

Logo mais, celebraremos o Jubileu dos 300 anos do encontro da Imagem. A reflexão sobre a Mensagem da Senhora Aparecida, e vivê-la a partir do Evangelho, será um dos melhores meios para preparar sua celebração.

Primeiro centenário do encontro da imagem em 1817

O primeiro centenário, que deveria ser celebrado em 1817, infelizmente não aconteceu. Nem era possível, porque naquele tempo o Santuário dependia das autoridades políticas da Vila de

Guaratinguetá, isto é, do Juiz Municipal (prefeito) que nomeava os membros da Mesa administrativa da Capela de Aparecida. A administração política do Santuário prejudicou a ação pastoral da Igreja. Quem nomeava os capelães era a Mesa administrativa e não o bispo diocesano, que só tinha o direito de confirmar os candidatos apresentados pela Mesa. Os sacerdotes apresentados eram geralmente despreparados e de idoneidade moral duvidosa, e, por falta de melhores, o bispo era constrangido a aprová-los. Eles agiam mais como funcionários do Estado, uma vez que a administração do Santuário dependia deles, e não como agentes pastorais da Igreja. Não se interessavam pela evangelização do povo, não tinham zelo nas celebrações litúrgicas e, sobretudo, eram omissos na catequese dos peregrinos.

Mas parece que alguém, que estava relacionado com a administração, lembrou-se da data e talvez desejasse celebrá-la, pois encontramos entre os documentos do Santuário da primeira década de 1800 um papel avulso, no qual está anotado o ano de 1717, como data do encontro da Imagem junto com o ano de 1817. Sinal que alguém pensou no centenário! Se, assim foi de fato, valeu a boa vontade...

Segundo centenário do encontro da Imagem – 1917

Antes dele, perdoem-me o retrocesso, em 1904, foi celebrada a primeira e a mais importante manifestação popular coletiva da Igreja católica, mas já durante o regime republicano, que por lei é laico. De início, o Episcopado Brasileiro quase chorou ao tomar conhecimento das disposições da Constituição de 1890 que declarava o Brasil um Estado laico. Anteriormente, a Igreja Católica era a religião do Estado, depois passou a ser equiparada às outras igrejas ou seitas. Atrás dessa insatisfação do Episcopado estava o conceito teológico em voga de que a religião católica devia ser também a religião do Estado.

Mas o sucesso da celebração da festa da Coroação da Imagem, durante a qual se celebrou também em Aparecida a Assembleia do Episcopado da região Centro-Sul, animou todo o Episcopado, trazendo nova esperança para o desenvolvimento da fé católica.

O Jubileu dos 200 anos do encontro da Imagem, em 1917, foi celebrado pela Igreja com pompa e muito proveito para os devotos da Mãe Aparecida. Aquele Ano Jubilar, por decisão do Sr. Arcebispo de São Paulo, Dom Duarte Leopoldo e Silva, foi celebrado em toda a Arquidiocese que, na época, abrangia todo o Estado de São Paulo e o Sul de Minas. Em Aparecida o Jubileu foi iniciado no dia 11 de maio de 1916, festa de N. Senhora Aparecida, e terminou na festa do ano seguinte, também a 11 de maio.

Os missionários redentoristas, que já eram capelães do Santuário desde 1894, lembraram o S. Ema. Arcebispo de São Paulo, Dom Duarte, a data e propuseram os atos para sua digna celebração. Pediram, como consta de nossas crônicas, à Santa Sé, mediante nosso Procurador-Geral em Roma, Pe. Pedro Oomen, as indulgências e privilégios para os fiéis que participassem das celebrações. E, para maior proveito espiritual dos devotos, foram organizadas as pregações próprias a interiorizar a fé e a devoção para com a Mãe de Deus.

Em Aparecida, a festa foi precedida por uma novena pregada pelo padre jesuíta, José Rossi. No adro, em frente da Basílica, foi armado um belíssimo estrado com um altar para o solene Pontifical que seria presidido pelo Arcebispo de São Paulo, Dom Duarte Leopoldo e Silva, a 8 de setembro de 1917, às 8h30.

Desde as 3 horas da madrugada daquele dia, bispos e padres peregrinos iniciaram a celebração de missas no Santuário. Às

3h40 chegou o primeiro trem especial da capital paulista com 13 vagões de primeira classe e, às 5 h, a segunda composição com mais 13 carros de segunda classe, num total de mais ou menos 2 mil peregrinos.

As graças da Mensagem da Mãe Aparecida concedidas aparecem claramente numa carta do reitor do Santuário, Pe. João B. Kiermeier, dirigida ao Superior-Geral da Congregação dos Missionários Redentoristas em Roma, Pe. Patrício Murray:

> "O ano jubilar, escreveu, foi de muito trabalho no confessionário e no púlpito. Diariamente chegam muitos romeiros e é grande nosso trabalho nos confessionários e muitos são os homens que se confessam contritos, após muitos anos de afastamento dos sacramentos"[46]. Não é preciso lembrar que atrás destes fatos estava a força da Mensagem da Mãe Aparecida que procura seus filhos para levá-los até Cristo. Nem mesmo citar o que escrevi na História maior do Santuário, em 1979: "Entre 1904 e 1917 o movimento de peregrinos no Santuário foi intenso. Para "felicidade e alívio dos muares", os trens da Central do Brasil[47], depois de 1904, continuaram a transportar anualmente milhares e milhares de peregrinos. Mas as tropas e os cargueiros ainda não tinham sido aposentados; muitos romeiros com suas famílias continuavam a chegar em caravanas de 10, 15, 20 e até 30 ani-

---

[46] COPRESP-A – Vol. VI, carta n. 1441, p. 355.

[47] A Estrada de Ferro Central do Brasil foi inaugurada em junho de 1887. A Estação levou o nome de "Aparecida do Norte", mas foi um equívoco geográfico, pelo fato de o Vale do Paraíba ser o caminho para quem se dirigia para o Norte e Nordeste do país. Nossa posição é leste do Estado e não norte. Na capital, a Estação da Central do Brasil era chamada também Estação do Norte. Por muito tempo a cidade constava até documentos oficiais como Aparecida do Norte. Na verdade seu nome é Aparecida, porque este é o nome da cidade.

mais. Pernoitavam nas "Casas da Santa", trazendo consigo os apetrechos de cama e mesa, inclusive a lenha necessária para cozinhar os alimentos.

Aos poucos foram surgindo os pequenos hotéis e as hospedarias. Assim, num misto de progresso e de parada no tempo, chegamos até o ano de 1917, quando foi celebrado o segundo Centenário.

Jubileu dos 150 anos – 1967

Para a celebração desse Jubileu, o missionário redentorista, Pe. Pedro Ávila Megda, de feliz memória, auxiliar direto de Dom Antônio Ferreira de Macedo, organizou as Romarias Nacionais; muitas delas permanecem até hoje. Entre elas citamos: O Apostolado da Oração, as Conferências Vicentinas, a Legião de Maria, a Liga Católica Jesus, Maria e José, a Irmandade do Santíssimo Sacramento, a Congregação Mariana. Foram organizadas ainda as romarias das etnias, e uma delas – a dos nisseis católicos, especialmente da capital de São Paulo – ainda vem, a cada dois anos em romaria organizada, ao Santuário.

Padre Ávila, que trabalhava no Santuário, agiu como auxiliar de Dom Antônio Ferreira de Macedo, na época, bispo auxiliar de S. Emcia. o Sr. Cardeal-arcebispo de São Paulo, Dom Carlos Carmelo de Vasconcelos Mota. O Jubileu de 1967 foi, sem dúvida, um marco divisor da influência do Santuário na Igreja no Brasil. Na época, apesar de a Teologia de Libertação não levar em conta a religiosidade popular, esse fenômeno foi apreciado e aproveitado, posteriormente, na Pastoral da Igreja. Na ocasião, foi celebrada também a Assembleia-Geral da CNBB, quando os bispos se conscientizaram do valor da religiosidade popular.

Depois desse Jubileu, os fins de semanas tornaram-se dia de Festa da Mãe Aparecida, especialmente para o povo da periferia das grandes cidades. Atualmente seu número nunca é inferior a 150 mil romeiros.

Jubileu dos 300 anos do encontro da imagem

Não sou profeta para antever as festividades do terceiro Centenário que estamos para celebrar em 2017. Com toda a certeza, serão extraordinárias, porque já temos a promessa da participação do Papa Francisco. Seu carisma e sua devoção à Mãe Aparecida não serão apenas um atrativo, mas sim uma lição de vida cristã e da alegre esperança de salvação depositada em Cristo Jesus; Mensagem que ele bem conhece e fez questão de salientar na homília da missa por ele celebrada no dia 24 de junho de 2013, quando esteve no Santuário como peregrino. Vamos aguardar...

Mensagem final

Como mensagem final, recordamos as palavras do Papa Francisco ao se referir ao fato de ser o Porto do Itaguaçu **"um lugar sagrado, onde todos os brasileiros se sentem irmãos"**. É evidente que essas palavras não se referem ao lugar topográfico, onde se deu a pesca da Imagem da Senhora Aparecida, mas à realidade espiritual ali manifestada, cujo objetivo é a conversão dos devotos para Cristo.

Suas palavras não são propriamente uma definição do que vem a ser um Santuário de devoção popular, mas uma descrição da razão de ser do Santuário unida à graça que seu objetivo produz, a filiação divina. Lugar do encontro com Cristo dos devotos levados pelas mãos protetoras da Mãe Aparecida. Todos os que estão unidos a Cristo pela conversão pessoal fazem parte da filiação divina e esta filiação divina os torna irmãos em Jesus Cristo. Francisco ressalta esse efeito da graça da conversão e, por isso, o papa Francisco disse: **"Lugar Sagrado, onde todos os brasileiros se sentem irmãos"**.

Esse "lugar sagrado" estava primitivamente unido ao Oratório do Porto do Itaguaçu. Com o crescer da devoção, o "lugar sagrado" passou para o recinto da primeira igreja, construída pelo pároco Pe. José Alves Vilella no alto da Colina de Aparecida. Ali, durante 143 anos, os peregrinos que chegavam do Norte e do Sul, do Leste e do Oeste, numa média de 200.000 peregrinos por ano, não se consideravam nortistas ou nordestinos nem sulistas, mas filhos da mesma Mãe, a Mãe Aparecida.

Em seguida, o "lugar sagrado" continuou na Igreja construída por Monte Carmelo, a Basílica Velha, de 1888 até 1983, quando a Imagem foi transferida para a Basílica Nova. Espaço mais curto no tempo, mas, talvez, mais rico ainda de conversão para Cristo, porque a ação pastoral e as celebrações do Santuário hoje atingem diretamente seus corações.

Ressalto agora um fato que o povo não conhece, mas que, pelo seu significado sobrenatural, foi muito mais importante do que a própria inauguração da nova igreja – Basílica Velha –, acontecida às 10 horas do dia 24 de junho de 1888, quando o bispo diocesano de São Paulo, Dom Lino Deodato R. de Carvalho, celebrou diante de uma multidão de devotos o Pontifical Solene da inauguração.

Frei Joaquim do Monte Carmelo, que estava separado da comunhão dos fiéis e da Igreja pela censura eclesiástica da suspensão do uso de ordens, recebeu de Dom Lino a graça da reconciliação com a Igreja, mediante a suspensão da censura concedida por ele na véspera da inauguração. Reconciliado com Cristo e sua Igreja, ele celebrou a primeira missa – às 6h – no novo templo por ele construído com tanto amor, tantas lutas e sacrifícios. Depois dele, milhares e milhões de peregrinos receberiam no mesmo **"lugar sagrado"** a graça da reconciliação com Cristo, tornando-se daí em diante todos irmãos junto da Mãe Aparecida.

É nesta perspectiva e com esta disposição e esperança que aguardamos a celebração dos 300 anos de graças do Santuário da Mãe Aparecida.

Índice